Le Presento ...

MAX GOROSCH
Professor of Spanish,
Copenhagen School of Economics

WITH VOCABULARY AND EXERCISES
BY MICHAEL THOMAS, DIRECTOR OF
LANGUAGE STUDIES AT THURROCK
TECHNICAL COLLEGE

LONGMAN

4679

LONGMAN GROUP LIMITED
London
*Associated companies, branches and representatives
throughout the world*

© Longman Group Ltd 1973

First published 1973
ISBN 0 582 36103 6

Printed in Great Britain by
Lowe & Brydone (Printers) Ltd. Thetford

ACKNOWLEDGEMENTS

We are grateful to all interviewees and organisations who supplied us with
photographs and documents to illustrate this book. In addition, we should
like to acknowledge the following: SEAT cars pp. 18, 22; Louis Villaba pp.
26, 27, 30; Curzon Publicity p. 89; Camera Press (2) p. 92.

Introduction

The eleven interviews which constitute this book were made originally by members of the staff of Radio Madrid in 1970. In transcribing and editing them for educational purposes it was thought advisable to remove those characteristics which make authentic spoken discourse difficult to follow when set down in print – hesitations, repetitions, incomplete sentences etc. Nevertheless the flavour of natural spoken Spanish has been maintained, each speaker reflecting his or her occupation, the language ranging from the 'jargon' appropriate to particular activities to the more formal style customary in other situations. The interviews aim to cover a cross-section of middle-class society, although there is a deliberate bias towards the field of administration and commerce. Through the discussion of the problems of present-day Spain in which the interviewees are personally involved, a concrete picture of social, economic and cultural life emerges. The language and content of the interviews make them suitable for use with students who have reached 'A' level Spanish or beyond. The exploitation material, consisting of questions and discussion topics, has been tried out at Thurrock Technical College, and should be of particular value to students following Spanish courses where the emphasis is placed on social studies, business studies, economic affairs and subjects of contemporary interest rather than literature.

Índice

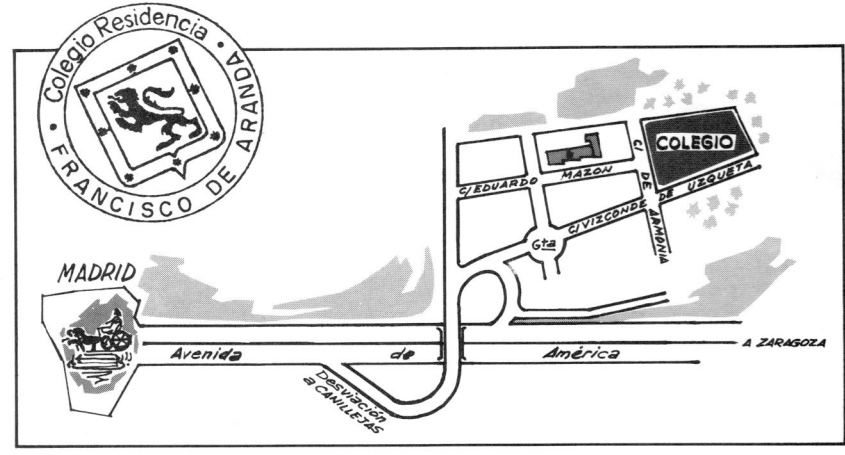

El Colegio Francisco de Aranda está situado en una zona residencial, rodeado de jardines.

Vista aerea del Colegio.

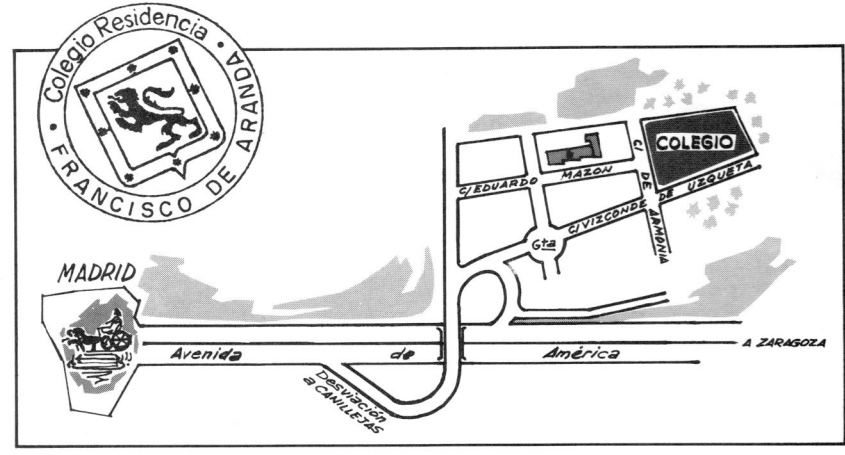

1
Segismundo Ubed Salesa – director de colegio

Enclavado en una zona residencial, rodeado de jardines, silencio y comodidades que predisponen al estudio, el Colegio Francisco de Aranda es uno de los más modernos y más completos de la capital de España. Es su propio director, don Segismundo Ubed Salesa, quien nos recibe.

La clase de dibujo.

Honorarios mensuales del Colegio Francisco de ▷ Aranda.

Un grupo de alumnos con su profesor en uno de los laboratorios espaciosos.

LOC: Por favor, señor, ¿qué capacidad tiene el Colegio?

SUS: La capacidad absoluta del Colegio es muy grande, pero una enseñanza y educación efectivas exigen grupos reducidos. Nuestro reglamento, especie de contrato bilateral entre el Colegio y los profesores, no permite clases superiores a veinticinco alumnos. Ahora bien, como el Colegio cuenta con 38 aulas, el número de alumnos asciende a 950 aproximadamente. A estas 38 aulas, donde los alumnos reciben la formación teórica, hay que añadir otras destinadas a la vertiente experimental y práctica, es decir: los laboratorios de física, química, ciencias naturales, las bibliotecas, las aulas taller, las aulas para medios audiovisuales, la cámara oscura, etc.

LOC: Qué edades tienen los alumnos acogidos al Francisco de Aranda?

SUS: Bien. La Enseñanza Primaria va de los tres a los nueve años, subdividida en tres etapas: Maternal (tres y cuatro años), Párvulos (cinco y seis) y Primaria, propiamente dicha, que abarca cuatro años, de los seis años cumplidos a los diez también cumplidos. Terminada la Enseñanza Primaria, empieza la Enseñanza Media, de los diez a los dieciséis años, cuatro años para obtener el título de Bachiller Elemental, y dos años más para obtener el Bachiller Superior. A los dieciséis años, un muchacho español puede ser Bachiller Superior y tras superar el Preuniversitario pasa a la Universidad. Las edades por tanto de nuestros alumnos, van de los tres a los diecisiete años. La Primaria, cuidada con cariño y diligencia, es base imprescindible para hacer un buen Bachillerato. El Colegio mima, podríamos decir, a la Enseñanza Primaria.

LOC: ¿Por qué sistema docente se rige este Colegio?

SUS: La pregunta que acaba de hacerme es muy interesante. El Colegio Francisco de Aranda se aprovecha de todas las conquistas psicológicas y pedagógicas que el Ministerio de Educación y Ciencia brinda a todos los colegios, a través de sus gabinetes y medios de difusión. Resumiendo, podríamos señalar estas características en nuestra enseñanza: aulas espaciosas y soleadas, instalaciones y material moderno, grupos reducidos, enseñanza activa, exclusión de memorismo e información quincenal a los padres, con informes trimestrales de todos y cada uno de los profesores de los alumnos.

LOC: Dígame ahora, ¿qué cuadro de profesores integra el Colegio?

SUS: Nuestros profesores son todos ellos licenciados en Filosofía y Letras o en Ciencias. Además están los profesores especiales de Idiomas, Dibujo, Religión, Educación Física, Trabajos Manuales, todos ellos, naturalmente, con los títulos exigidos por el Estado.

LOC: ¿Cuál es la media de edades de estos profesores?

SUS: Bien. Tenemos algún profesor que supera los cuarenta años, pero esto es una excepción y podría decirle que la edad media de nuestros profesores son los treinta y dos años.

LOC: ¿Es muy severa la disciplina?

SUS: Ha tocado usted un punto capital siempre, pero que hay que resolver sin olvidar el medio ambiente que el alumno respira en el hogar y, permítame la expresión, también en la calle. Procuramos que el alumno considere el Colegio como su segunda casa. Una disciplina recta, sin rigor, pero también sin blandura, nos permite alcanzar el más alto nivel posible de trabajo y rendimiento en los estudios.

LOC: Señor Director, ¿estos profesores, por supuesto, tienen contacto con sus alumnos fuera de las clases?

SUS: Sí; especialmente con los internos y mediopensionistas que lo desean, ya que los estudios están dirigidos por un licenciado.

LOC: ¿Se complementan la disciplina académica con las prácticas deportivas?

SUS: Ha tocado un punto donde podría decir muchas cosas. Lo que más impresiona a los padres de los alumnos, y por tanto lo que más gusta a éstos, apenas pisan el Colegio, son las magníficas instalaciones deportivas: dos piscinas–una climatizada—y aparte de los varios campos al aire libre, un gran gimnasio polideportivo, donde los alumnos practican el balonmano, el balón-volea, el baloncesto, el tenis y la gimnasia deportiva.

LOC: ¿Puede describirnos un día cualquiera en su Colegio?

SUS: Bien. El alumno externo empieza la primera clase a las nueve; a las once tiene media hora de recreo, que aprovecha para tomar su bocadillo; de once treinta a una treinta tiene otras dos clases. Por la tarde sólo hay dos clases de cuatro a seis. El alumno mediopensionista y el interno tienen un régimen colegial más intenso, conviven no sólo en las clases, sino también en los estudios dirigidos, los recreos, en el comedor y en actividades religiosas, culturales y deportivas del Colegio.

LOC: Respecto a los alumnos internos: ¿surgen frecuentemente problemas de aclimatación?

SUS: El problema de aclimatación es un problema de sacrificio y vocación de parte de todo el equipo del Colegio. La Dirección lucha constantemente por evitar que la palabra «interno» recuerde ideas de castigo y disciplina. No olvidamos nunca el amor del hombre, aunque sea niño, a la libertad, y procuramos hacer compatible la libertad con la educación, la responsabilidad y las buenas maneras. Especial interés ponemos, naturalmente, en la conducta religiosa, en que ésta sea sentida, espontánea, libre.

LOC: Díganos ahora: ¿cuál es el régimen alimenticio de un alumno interno?

SUS: Francamente bueno. El alumno se queja antes del cocinero que del profesor; sin embargo la alimentación no plantea ningún problema; la comida es sana, variada, abundante y controlada médicamente.

LOC: ¿Tienen ustedes becarios? y ¿en qué cuantía?

SUS: Sí, un quince por ciento procedentes de una clase social económicamente débil. Suelen ser nuestros mejores estudiantes; ellos se benefician al entrar en contacto con muchachos de otra categoría social más alta, y los alumnos pudientes

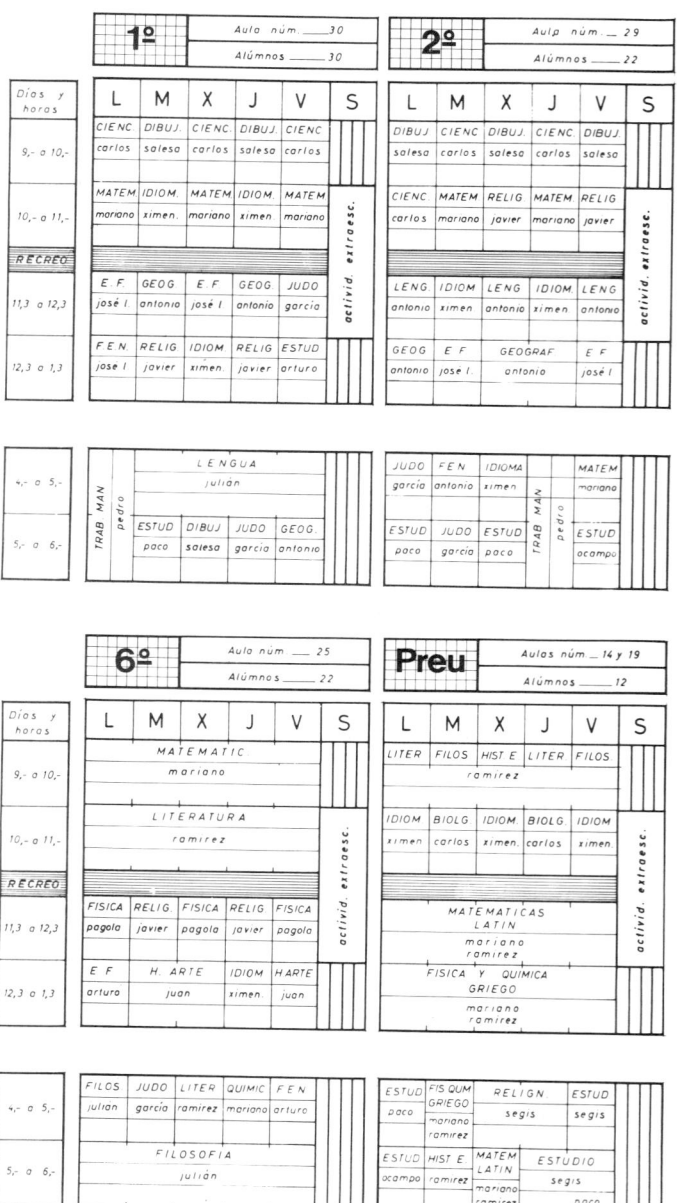

aprenden la importancia de otros valores que no son precisamente el dinero. Es una forma suave de socialización, y democratización de la sociedad española, según creo.

LOC: Los alumnos del Colegio Francisco de Aranda, ¿consiguen en este mismo Colegio título oficial?

SUS: Ya. El título oficial en la Enseñanza Media, es el Bachillerato Elemental o Superior sólo otorgado por los Institutos Nacionales. En los colegios reconocidos, como el nuestro, los alumnos que aprueban los cursos, reciben el «pase» para poder presentarse al examen de Reválida. Dos representantes del Colegio toman parte en la corrección de los ejercicios que los alumnos han sufrido en los Institutos Nacionales para obtener los títulos de Bachiller.

LOC: Señor Director, muchas gracias por su cortesía.

SUS: Gracias a usted.

◁ *Programas de diversas clases, demostrando la variedad de asignaturas.*

Entre varios otros deportes, se juega el balón-volea.

VOCABULARIO

enclavado *tucked away*
el aula *classroom*
la vertiente *aspect*
el aula taller *teaching work-shop*
la cámara oscura *dark room*
acogido *admitted, enrolled*
Maternal *nursery*
Párvulos *infants*
abarcar *to cover*
el bachiller elemental *holder of the* bachillerato elemental, *a school leaving certificate*
el bachiller superior *holder of the* bachillerato superior *for entry into further and higher education*
superar *to get through*
el Preuniversitario *university entry*
el cariño *loving care*
imprescindible *essential, indispensable*
mimar *to spoil (*e.g. *a child)*
docente *teaching*
regir *to run, govern*
brindar *to offer*
quincenal *fortnightly*
el licenciado *graduate*
Filosofía y Letras *Arts (faculty)*
recto *fair*
el rigor *strictness*
sin blandura *without being too lenient*
el rendimiento *efficiency*
el interno *boarder*
el mediopensionista *a pupil who takes meals in the school but lives at home*
deportivo *sporting*
apenas pisan . . . *the moment they set foot in . . .*
climatizado *heated*
polideportivo *multipurpose*
el alumno externo *day pupil*

el régimen   *routine*
surgir   *to occur*
la aclimatación   *settling-in*
el régimen alimenticio   *diet, meals*
plantear   *to pose, create*
el becario   *scholar, grant-aided pupil*
pudiente   *wealthy*
suave   *subtle*
otorgar   *to award*
aprobar (ue)   *to pass (an examination)*
el «pase»   *permission*
la Reválida   *final examination*

REDACCIONES

1. ¿Cuáles son, en su opinión, las ventajas de asistir a un colegio de internos?

2. Compare el sistema pedagógico español con el inglés.

3. Adquirir una educación es un proceso continuo, el trabajo de toda una vida.

PARA DISCUTIR

La sociedad permisiva ha influido mucho en todos los aspectos de la vida cotidiana incluso la educación. A los jóvenes de hoy en día no les gusta nada la opresión ejercida sobre ellos por las autoridades. Resulta que en los institutos al profesorado le cuesta trabajo relacionarse fácilmente con sus alumnos. ¿Hace falta liberalizar la organización de la enseñanza? ¿Cómo podemos superar tales problemas?

Vista del contingente de Turismas Seat, que esperan en el puerto de Barcelona su embarque para Yugoslavia.

En la fábrica Seat. El coche Seat es en realidad el mismo que el Fiat, pero fabricado en España.

2 Nicolás Gómez Ullán – encargado en taller de reparaciones de automóviles

Me he puesto al habla con Nicolás Gómez Ullán. Está en Talleres Golgor, calle Blasco de Garay número 69. Nicolás es un hombre cordial, afable, un gran trabajador y es capaz de dedicar un tiempo, para él precioso, a la impertinencia de las preguntas de un locutor.

En Talleres Golgor hay siempre mucho trabajo, pero la época de más agobio es el verano.

LOC: Nicolás, ¿cúal es su cometido en Golgor?

NGU: Pues de encargado.

LOC: Es encargado. ¿Qué responsabilidad tiene usted por lo tanto? ¿Dirige el trabajo? o ¿realiza también parte de este tipo de trabajo mecánico?

NGU: Dirijo, realizo algo y la responsabilidad es total.

LOC: ¿Por qué eligió este oficio?

NGU: Porque me gusta mucho.

LOC: ¿Cuánto hace que lo ejerce?

NGU: Pues, a los catorce, pues veinticuatro años.

LOC: ¿Dónde lo aprendió?

NGU: Empecé en Salamanca.

LOC: ¿Qué duración tuvo este aprendizaje?

NGU: Pues tres años.

LOC: Como aprendiz, ¿qué trabajos eran los suyos, exactamente?

NGU: Barrer el taller, limpiar piezas, llevar la herramienta al oficial, y así fuimos ascendiendo.

LOC: Y ahora prácticamente ¿cuál es su trabajo? Entiende de coches, ya lo sé, pero ¿qué hace ahora?

NGU: Pues reparar coches.

LOC: ¿A qué hora comienza a trabajar, Nicolás?

NGU: A las ocho.

LOC: ¿Y cuándo termina?

NGU: Pues a la una, luego empiezo a las tres y termino a las siete. ·

LOC: En estas horas de trabajo, ¿tiene además algún tiempo libre?

NGU: Pues sí, de una a tres voy a tomar un vermut, voy a comer y charlar un rato con los amigos si se tercia; luego por la tarde también.

LOC: Dígame, ¿qué medio de transporte utiliza en sus desplazamientos? Para venir a su trabajo sobre todo.

NGU: Pues tengo un cochecito y con él vengo.

LOC: ¿Cómo es el coche?

NGU: El seiscientos.

LOC: ¡Ajá! Es utilitario ¿no? El que mejor servicio presta en España.

NGU: Desde luego.

LOC: ¿Cuánto tarda, aproximadamente, en llegar, Nicolás?

NGU: Pues seis minutos.

LOC: ¿Nada más?

NGU: Nada más.

LOC: ¿Todo el personal trabaja las mismas horas, o usted por ser encargado trabaja menos?

NGU: Hombre . . . todo el mundo tiene marcadas las mismas horas. Ahora yo siempre me quedo un poquito más por si un trabajo hay que terminarlo.

LOC: ¿Tienen ustedes turnos rotativos de descanso, o solamente los días festivos?

NGU: Nada más que los sábados y los domingos.

LOC: Los días festivos, ¿hay algún turno de guardia en el taller, no?

NGU: No.

LOC: Dígame, ¿hace horas extraordinarias, Nicolás?

NGU: De momento, no. De momento no da.

LOC: ¿Cúando es la época de más agobio para ustedes, en el trabajo?

NGU: Pues hombre . . . yo creo que todo el año, pero ahora en verano es un poquito más.

LOC: Según esto ¿qué cantidad de tiempo libre disfruta usted al año?

NGU: Pues libre . . . libre . . . las vacaciones normales y luego los domingos y sábados por la tarde.

LOC: Nicolás, ¿dónde pasa sus vacaciones?

NGU: Hombre, pues suelo ir al mar. Suelo ir a Alicante.

LOC: ¿Puede decirme si el salario que gana usted cubre sus necesidades, las de usted y las de su familia?

NGU: Pues sí, sí.

LOC: Bueno, ¿desahogadamente o . . . ?

Los coches Seat—entre ellos el 1430 y el Sport 124 representados aquí—son los más populares de España.

NGU: ¡Hombre! Regular.

LOC: Bueno, ¿tiene otras entradas extra, además de su trabajo?

NGU: No. Únicamente con eso.

LOC: ¿Cuántos son ustedes de familia?

NGU: Pues somos seis.

LOC: Seis, ¿Cuántos chiquillos?

NGU: Cuatro.

LOC: ¿Van los hijos al colegio?

NGU: Pues dos sí.

LOC: ¿De qué duración son las vacaciones?, y ¿dónde las pasa? Me ha dicho que en Alicante, pero ¿cuánto suelen durar?

NGU: Pues veinte días, veintiuno o veintidós, según si cojo alguna fiesta, algún puente.

LOC: ¿Ha trabajado anteriormente en otras empresas, Nicolás?

NGU: Pues sí.

LOC: ¿En cuáles?

NGU: Pues en Salamanca trabajé en Argos y en Madrid estuve trabajando en la casa Seat y en Corsan, una empresa constructora.

LOC: ¿Siempre con la misma categoría de encargado en la que trabaja en Golgor, o nó?

NGU: Pues, después de la mili, sí de encargado.

LOC: Aquí hace el trabajo práctico de encargado pero todavía no ha, digamos, conseguido su título, ¿no?

NGU: Eso es.

LOC: Perfectamente. ¿Piensa independizarse en un futuro, completamente?

NGU: Sí, claro.

LOC: Porque ahora si bien usted me ha explicado que tiene participación en la empresa, es encargado en ella y participa en los beneficios absolutamente, sin embargo, ¿quizá piense poner un taller en un futuro, de usted solo?

NGU: Pues hombre, todos aspiramos a eso: a ser totalmente dueños de una cosa . . . pero en fin, el tiempo dirá.

LOC: Eso va despacito, ¿no?

NGU: Desde luego.

LOC: Dígame, ¿recomendaría a sus hijos que elijiesen el oficio de usted?

NGU: Pues sí. Porque es bonito, es interesante, es distraído.

LOC: Nicolás, muchísimas gracias por estas declaraciones que agradezco enormemente.

NGU: ¡A usted las gracias!

VOCABULARIO

ponerse al habla   *to speak over the telephone*
el cometido   *job*
el encargado   *supervisor*
el aprendizaje   *apprenticeship*
barrer   *to sweep*
las piezas   *spare parts*
la herramienta   *tools*
y así fuimos ascendiendo   *and so I got promoted*
si se tercia   *if the opportunity arises*
en sus desplazamientos   *in your travels, to get about*
por si un trabajo hay que terminarlo   *in case some work has to be finished*
turnos rotativos de descanso   *time off on a rota basis*
el turno de guardia   *duty rota*
horas extraordinarios   *overtime*
no da   *there isn't any*
la época de más agobio   *most exhausting time of the year*
disfrutar   *to enjoy, have*
desahogadamente   *comfortably, easily*
regular   *reasonably (literally, reasonable)*
entradas extra   *other income*
según si cojo alguna fiesta, algún puente   *depending on whether it coincides with a national holiday and bridges it*

24

la mili   = servicio militar
los beneficios   *profits*
poner un taller   *to set up a repair shop*

REDACCIONES

1. Un catedrático inglés declaró que la invención del motor de combustión interna puede considerarse el mayor desastre en la historia del hombre. ¿Qué opina usted?

2. Para cubrir sus necesidades y las de sus familias les es necesario a muchos hombres buscar varios empleos extra. Discuta las ventajas y desventajas del sistema de «pluriempleo».

3. El coche privado es símbolo de la sociedad adinerada.

PARA DISCUTIR

Al especializarse en cualquier forma de educación o aprendizaje el estudiante o aprendiz se siente tantas veces agobiado y oprimido no por los deberes íntegros de sus estudios, los que concretamente tienen que ver con ellos, sino por los aspectos que parecen inútiles y que no sirven para nada.

Nicolás nos ha dicho que durante su aprendizaje tuvo que «barrer el taller, limpiar piezas, llevar la herramienta al oficial» ¿Para qué vale? ¿Cree que es una disciplina esencial? ¿Cómo es que nos ayuda en nuestra formación? ¿Perdemos mucho tiempo que podríamos ahorrar y dedicar a lo que nos serviría directamente?

3
Engracia Rodríguez de Pomarés – ama de casa

Voy a visitar a doña Engracia Rodríguez de Pomarés, joven, de unos 26 años y con dos niños de un año y cinco años, respectivamente.

◁ *La familia Pomarés en su piso.*

La comida en casa.

LOC: ¿Dispone de algún tiempo para contestar a unas preguntas?

ER: Sí, sí, por supuesto; pase y siéntese. Perdone un momento . . . el niño se deja los juguetes por cualquier parte.

LOC: Para los niños el orden ya se sabe que no es más que una incomprensible imposición.

ER: ¡Desde luego! y además una imposición que sólo relacionan con la madre, porque mi marido, como llega tan cansado del trabajo, yo creo que ni ve los trastos que se dejan por medio.

LOC: ¿Él no viene a mediodía?

ER: No, es que esto le queda muy lejos de su oficina y la hora que tiene para comer se la pasaría en el autobús. Él suele llegar a casa sobre las siete de la tarde.

LOC: Entonces usted dispone de todo el día.

ER: Este año ya sí, porque la niña también se queda a comer en el colegio y sólo tengo que ir a recogerla a la parada de autobús a las cinco y cuarto. El curso pasado, como María era aún muy pequeña, no quisimos dejarla todo el día fuera de casa; pero era un problema.

LOC: ¡Claro! used tendría que salir cuatro veces de casa.

ER: . . . Y no sólo eso, sino que ella se cansaba mucho más, porque tenía que salir del colegio a medio día; cuando llegábamos a casa era ya casi la una y media y después de comer no tenía tiempo ni de descansar ni de jugar, porque por las tardes empiezan a las tres y media y a esa hora no había quien la sacara de casa.

LOC: ¿Y qué tal se ha acostumbrado a este curso?

ER: Ella ¡encantada de la vida! Sí, porque allí tiene sus amigos, no se desambienta y además las señoritas los ponen a dormir media horita en la clase.

LOC: ¿Y no resulta muy caro que coman todos fuera de casa?

ER: Pues ¡no, fíjese! Mi marido y yo echamos la cuenta y entre autobuses y lo que yo me gasto en comida (porque quieras o no, aquí en casa les maleducamos a comer . . . que si el jamoncito, que si el higadito, y cuando te vienes a dar cuenta se te ha ido un dineral y ellos se lo han dejado en el plato); más gastos de gas y tiempo, en fin, que viene a resultar más o menos lo mismo.

LOC: ¿Cómo distribuye su tiempo?

ER: Pues tengo todavía bastante que hacer. Al principio, yo no sé qué hacía, pero cuando llegaba la hora de ir a por la niña ¡siempre tenía que salir corriendo! Supongo que me faltaba organización. Sin embargo en los últimos meses me sobra mucho más tiempo.

LOC: ¿Piensa usted tomar algún trabajo cuando el niño también se vaya al colegio?

ER: De eso precisamente hablábamos ayer mi marido y yo. Yo le digo que me podía buscar algún trabajito – yo de soltera era secretaria – y así mataríamos dos pájaros de un tiro porque dejaría de cambiar muebles de un sitio a otro para entretenerme, cosa que le molesta extraordinariamente, y además le ayudaría un poco económicamente.

LOC: Es una idea estupenda, pero ¿qué piensa él de todo esto?

ER: Pues yo no sé como serán los demás maridos, pero Miguel es muy celoso y aunque nunca me lo demuestra abiertamente, yo sé lo que piensa . . . , que si serían muchas responsabilidades, que si es muy difícil encontrar un trabajo sólo pos las mañanas . . . en fin . . .

LOC: ¿Cuantos días trabaja su esposo a la semana?

ER: Les cambiaron el horario hace dos años y los sábados los tiene libres.

LOC: La niña tampoco tiene clase a partir del viernes ¿verdad?

ER: No, clase no tiene nunca pero de vez en cuando les organizan teatro o excursiones esos días.

LOC: Y cuando están todos juntos ¿qué hacen normalmente?

ER: Pues el sábado por la mañana nos vamos Miguel y yo a hacer la compra para la semana al mercado, que resulta más económico que los autoservicios que tenemos por aquí.

LOC: ¿Se llevan a los niños?

ER: No, ellos se quedan con mi madre que vive en el piso de arriba.

LOC: ¿Y por la tarde?

ER: Nunca hay un programa fijo. Por regla general, nos quedamos viendo la televisión–a mis hijos parece que los

Donde hay niños la cocina no sirve sólo para cocinar.

hipnotizan delante del aparato–pero a eso de las seis, o bien vamos de tiendas, al cine, o de visita.

LOC: ¿Se reúnen frecuentemente con sus amigos?

ER: Bueno, uno o dos veces al mes, porque entre todas las parejas juntamos más de quince niños y ¡son una plaga dentro de un piso! Nos pasamos el invierno deseando que llegue el buen tiempo para poder salir al campo.

LOC: ¿Son amantes del deporte?

ER: Un poco de aire puro siempre le sienta bien a todo el que vive en una ciudad ¿no cree?

LOC: ¡Y cada vez lo necesitamos más!, aunque se le quitan a uno las ganas de campo pensando en las caravanas de ida y vuelta los domingos.

ER: Sí, hay que salir muy temprano y regresar después de las siete, sino, ¡ya se sabe!

LOC: ¿Salen de aquí en verano?

ER: ¡Uy sí, nos pasamos medio año planeando el veraneo!

LOC: ¿Dónde suelen ir, playa o montaña?

ER: ¿Quiere que le diga la verdad?

LOC: Eso es precisamente lo que pretendo.

ER: Pues donde cualquier agencia nos proporciona más días por menos dinero.

LOC: Muy buena elección. Señora, no quiero entretenerla más. Gracias por sus respuestas y por su tiempo.

VOCABULARIO

los trastos   *rubbish, mess*
por medio   *all over the place*
le queda muy lejos   *it's a long way for him*
desambientarse   *to be disorientated, out of one's routine*
echar la cuenta   *to work out the costs*
les maleducamos a comer   *we bring them up badly as regards their eating habits*
se te ha ido un dineral   *you've spent a small fortune*
ir a por   *to go and get*
para entretenerme   *to amuse myself*

una plaga   *plague, menace*
sentarle bien a uno   *to do someone good, to suit*
aunque se le quitan a uno las ganas de campo   *although it puts one off going to the country*
las caravanas   *queues of traffic*
entretener   *to delay*

REDACCIONES

1. En vista de las presiones de la vida actual ¿cómo le es posible a una mujer mantener a una familia, seguir su carrera y prestar la atención necesaria a ambas responsabilidades?

2. «La mujer y la sartén en la cocina estén.» Discuta las implicaciones de este refrán en lo que se refiere a la sociedad actual.

3. Por término medio tenemos la probabilidad de sobrepasar los setenta años pero ¿por qué cree usted que la mujer media vive más años que el hombre?

PARA DISCUTIR

La mujer, moderna, educada, con un par de niños que se queda encarcelada durante todo el día en su casa encuentra cada vez más difícil entretenerse. No es que la vida doméstica no satisface sus instintos maternales sino que necesita algo más. Con tantos aparatos electro-domésticos lanzados al mercado los quehaceres del hogar tardan menos tiempo en cumplirse. ¿Qué puede hacer, entonces, para matar el aburrimiento de su vida?

4
Gonzalo López – jefe de personal

El Corte Inglés es uno de los más conocidos almacenes de Madrid, situados entre la Avenida de José Antonio (antes y todavía llamada la Gran Vía) y la Puerta del Sol. Apreciamos la amabilidad de don Gonzalo López de querer contestar a algunas preguntas sobre los problemas con que se encuentra hoy día un jefe de personal en Madrid.

Don Gonzalo López en su oficina.

LOC: ¿Qué criterios se siguen para la elección del personal empleado?

GL: La elección de personal se realiza a través de un sistema de selección que establece los niveles mínimos culturales, profesionales y vocacionales, valores, que consideramos necesarios para la incorporación a nuestra organización. Por supuesto estas líneas de conocimiento y experiencia varían para los candidatos en función del puesto a ocupar; no obstante, en nuestro criterio de selección ocupan un primer lugar en la escala de valores propuestos, la vocación y la capacidad, aunque ésta no se encuentre totalmente manifiesta, posteriormente será desarrollada a través de nuestras enseñanzas de formación profesional.

LOC: Dígame, don Gonzalo, ¿cómo seleccionan entre los aspirantes al personal fijo?

GL: Las necesidades son siempre las mismas, por lo tanto el fin es conseguir la elección de un personal con cierto grado de profesionalidad,–conocimientos que depuramos y perfeccionamos–para del conjunto de pruebas y prácticas a las que se les someten podamos obtener un resultado humano que sea capaz de dar al cliente el máximo servicio.

LOC: Perfecto, ¿qué cualidades exigen a sus empleados?

GL: Por encima de todo la honradez y la entrega a la organización.

LOC: ¿Hay más mujeres que hombres en la plantilla?

GL: Sí, y es lógico en un gran almacén.

LOC: ¿Por qué?

GL: Las características del propio negocio dan una primacía al personal feminino.

LOC: ¿Cuál es el rendimiento medio de sus empleados?

GL: Sin el menor afán de dramatizar le puedo asegurar que nuestros colaboradores–es éste un término impuesto en El Corte Inglés por considerarlo superior al de empleados, en razón del valor que concedemos a quienes forman parte de la Empresa, y es muy superior–cubren en un grado más el rendimiento normal de empresas similares.

34

El Corte Inglés, uno de los más conocidos almacenes de Madrid, visto de noche.

El departamento de boutique.

El departamento de juguetes.

LOC: Y ahora, dígame ¿es mayor este rendimiento en el personal feminino o en el personal masculino?

GL: Hoy la mujer está muy considerada, trabaja y rinde tanto como el hombre.

LOC: ¿Existe discriminación salarial respecto al sexo?

GL: Si consideramos el problema en una fría estimación de porcentajes, sinceramente el hombre tiene un coeficiente superior, pero esto es debido a que naturalmente, por las especiales características de los artículos y mercancías que se venden en un gran almacén, el hombre trata con prendas de mayor precio.

LOC: ¿Qué edad de límite se pide a sus empleados?

GL: Los puestos se cubren de acuerdo con las necesidades del negocio, nunca teniendo en cuenta razones de cualquier otro tipo.

LOC: ¿Conoce usted personalmente a toda la plantilla?

GL: Es un deber, un orgullo y una satisfacción para un jefe de personal.

LOC: ¿Qué categorías hay?

GL: El equipo funcional de nuestra organización lo constituyen: aspirantes, dependientes, interesados y gerentes.

LOC: Y ¿cómo se producen los ascensos?

GL: Un hombre es siempre función de su historia y por esta razón, el ascenso es una consecuencia de su actuación; de esta forma, el grado de conocimientos profesionales y su dedicación son los factores que determinan el ascenso. Estas promociones no se realizan nunca por estimación de unos posibles valores, sino más bien por la observación de unos resultados. Así cada uno de nuestros colaboradores forja su meta y cosecha justo el resultado de su esfuerzo, lo que se traduce en un alto grado de satisfacción. Nuestro sistema de ascensos está basado, como le digo, en una actuación personal y no en un procedimiento mecánico o de escalafón.

LOC: ¿Qué tipo de problemas técnicos origina una plantilla tan extensa?

GL: Los problemas no existen cuando se ha realizado una buena selección.

LOC: ¿Cómo se organizan los turnos de descanso?

GL: Debido a la gran cantidad de empleados, tenemos que organizar grupos que rotativamente van haciendo a lo largo del año sus salidas de vacaciones.

LOC: Y ahora, dígame ¿qué tipos de problemas sociales, ya, de convivencia se suscitan?

GL: Prácticamente ninguno. Yo considero que todo deja de ser problema cuando el hombre y la mujer viven en un ambiente de ejemplaridad, mantenido por un alto concepto del respeto mutuo y en el que nunca se olvida que todos tenemos que ganar el pan para vivir honradamente.

LOC: ¿Tienen incentivos y estímulos para el aumento de productividad?

GL: Consideramos que los incentivos son un necesario y eficaz medio de premiar la superación y el trabajo bien hecho.

LOC: Y, ¿cuáles suelen ser los motivos más normales de cese en el trabajo?

GL: La pérdida del equilibrio entre lo que es ético y lo que, al dejar de serlo, entra en la anormalidad.

LOC: Siendo usted jefe de personal de una empresa de esta categoría, su jornada laboral debe estar muy bien nutrida de trabajo. ¿Qué horario comprende?

GL: Además del normal, el que mi propia conciencia profesional y las necesidades del cargo me imponen.

LOC: ¿Se enfrenta usted con problemas cuyas soluciones pongan en conflicto su deber y sus sentimientos?

GL: Siempre he estimado que el deber obliga por encima de los particulares puntos de vista. El hombre puede equivocarse, el sentido de lo justo pocas veces tiene interpretaciones diferentes. Lo que se debe hacer en justicia, es casi siempre el camino mejor.

VOCABULARIO

puesto a ocupar *job to be filled*
la formación *training*
el aspirante *probationary trainee*
el personal fijo *full-time staff*
depurar *to train, lick into shape*
para del = para que del
el conjunto *whole*
la entrega *dedication*
la plantilla *the staff*
la primacía *priority*
el rendimiento medio *the average productivity*
sin el menor afán de dramatizar *without wishing in the slightest to exaggerate*
rendir (i) *to produce*
las prendas *articles*
el dependiente *shop assistant*
el interesado *associate, partner*
el gerente *manager*
el ascenso *promotion*
por estimación de unos posibles valores *by assessing potential value*
forja su meta y cosecha justo el resultado de su esfuerzo *sets himself a goal and duly reaps the benefit of his efforts*
el escalafón *seniority scale*
van haciendo a lo largo del año las salidas de vacaciones *take their holidays throughout the year*
suscitarse *to arise*
ganar el pan *to earn one's living*
premiar *to reward*
la superación *effort*
el cese en el trabajo *dismissal*
nutrido *full*
enfrentarse con *to come up against, to be faced with*
el deber obliga por encima de los particulares puntos de vista *duty comes before personal opinions*

REDACCIONES

1. La automatización y el ocio. ¿Sabemos aprovecharnos de nuestro tiempo libre?

2. Las rebajas.

3. «Los escaparates nos dicen los grados de cultura y buen gusto de un pueblo». (Benavente)

PARA DISCUTIR

Después de haber luchado tanto por su igualdad la mujer en muchos aspectos de la vida cotidiana no es igual al hombre. Existen todavía casos donde una mujer que hace el mismo trabajo que un hombre cobra menos dinero. ¿Por qué es esto? Si aceptamos que no es inferior ¿por qué no queremos pagarle el mismo sueldo que a un hombre?

Agustín Lacalle en uno de sus supermercados.

5
Agustín Lacalle – dueño de una cadena de supermercados

Agustín Lacalle es dueño de una cadena de establecimientos, en Madrid, dedicados a la alimentación. Es un hombre joven y entregado totalmente al ejercicio de su profesión.

Todos sus establecimientos son modernizados, con luz de neón y mostradores refrigerados.

LOC: Agustín ¿cuánto hace que trabaja usted al frente de sus establecimientos?

AL: Bien, al frente de nuestros establecimientos trabajo desde hace once años.

LOC: ¿Es tradicional en su familia este negocio?

AL: Sí, es tradicional, o sea mi padre en realidad a la edad de once años, oriundo de la provincia de Soria, llegó a Madrid como aprendiz, después fue dependiente, después adquirió un pequeño establecimiento y poco a poco se hizo pues un industrial más en Madrid, para servir al público, naturalmente.

LOC: Entonces, poco más o menos, ¿cuánta experiencia tiene, Agustín, en esta profesión?

AL: Mi experiencia en esta profesión es veintidós años más acumulada de veintiséis de mi padre quien me lo ha dado a mí, pues aunque mi edad es de treinta y cuatro años, puedo decir que práctico una experiencia de cuarenta y ocho años, que es de donde empezó nuestra industria.

LOC: ¿Cómo la empezó?

AL: Yo empecé a la edad de doce años, alternando por las mañanas en el trabajo de ayudar a mi padre y por las tardes en estudios. Muchas veces a los hijos les gusta lo que hacen sus padres y yo precisamente he sido uno de éstos; me ha gustado mucho lo que ha hecho mi padre y lo he continuado procurando siempre, pues, mejorarlo.

LOC: ¿Qué establecimientos tiene ahora, Agustín?

AL: En la actualidad tengo tres establecimientos dedicados a la venta de carnes, toda clase de carnes, y uno dedicado exclusivamente a la venta de cerdo fresco, embutidos y fiambres.

LOC: ¿Cómo están instalados estos establecimientos?

AL: Aunque tenemos el primer establecimiento desde el año 45, son todos modernizados. Tenemos luz de neón en todas partes, y mostradores refrigerados. Hay unas básculas automáticas para que el público pueda observar la corrección de los pesos, y unas pequeñas parrillas metálicas para que las señoras descansen sus bolsas pesadas.

LOC: Una buena medida, porque a veces constituye esto un gran problema ¡no saber dónde dejar los bultos que el ama de casa porta!

AL: Sí, siempre nos ocupamos un poquito de que el público se encuentre cómodo.

LOC: Y ahora dígame, Agustín, ¿atiende usted personalmente al público?

AL: Sí, efectivamente, atiendo personalmente al público, porque es una gran satisfacción el poder atender a las amas de casa y conocer sus gustos.

LOC: Es algo así como una lección de psicología práctica, ¿no?

AL: Exactamente, se aprende mucho de lo que nos enseñan nuestros mismos clientes.

LOC: Agustín, ¿tienen ustedes empleados?

AL: Si, tenemos siete empleados. Estos empleados, pues, tienen cada uno su responsabilidad en el comercio, unos se dedican a una faena de vender, otros a deshacer carne, o sea diversas modalidades de trabajos que se realizan en la tienda, pero siempre bajo nuestra dirección.

LOC: Comprendido. ¿Qué jornada de trabajo es la suya, Agustín?

AL: En cuanto a mi trabajo personal, pues, dura desde las seis de la mañana a las doce de la noche. A las seis de la mañana es la hora de levantarme para poder acudir al matadero a realizar las compras. En el matadero se empieza a las siete menos cuarto, pero siempre antes de entrar en el matadero pues tomamos un café y tomamos un poquito el fresco—a esa hora de la mañana se toma muy bien el fresco—, pero a partir de esa hora hay que hacer cajas, hay que hacer rotular carteles, hay que preparar promoción de ventas, hay que hacer la contabilidad.

LOC: Dígame ahora, ¿qué especialidades despacha en su establecimiento, o mejor dicho, en sus establecimientos?

AL: En carnes despachamos todo. Despachamos cordero pascual, cordero lechal, terneras pequeñitas, terneras de leche, terneras de Castilla, terneras de Ávila, terneras de León, terneras de Asturias. Despachamos carne de vaca, carne de choto, cerdo fresco. También despachamos algunas carnes de importación.

LOC: Y ahora dígame, ¿qué tipo de carne prefiere el ama de casa española, por término medio?

AL: El ama de casa española prefiere, como calidad de carne, la primera, para asados y, lo que más, para filetes. Prefiere la carne fresca, pero como es un poquito más cara que la de importación, lo que pasa es que muchas veces compra carne congelada.

LOC: ¿Y respecto a preparados, congelados, etc., que hasta ahora no tenían gran aceptación en España, se van introduciendo ya en el mercado?

AL: Sí. Poco a poco se van introduciendo. Precisamente nosotros hemos comenzado ya hace bastantes años preparar hamburguesas. Todos los días las hacemos, de éstas, todos los días las vendemos y el público las va teniendo a satisfacción. Hacemos de vez en cuando también algún preparado de pimientos rellenos, tomates rellenos, unos asados de ternera rellenos también, otros asados con mechas de tocino, y la gente, pues, poco a poco, va comprando estas cosas, porque va apreciando no tener que molestarse tanto en su casa para hacer estas comidas.

LOC: ¿Cómo realizan ustedes las compras de los diferentes géneros?

AL: Pues, hay varios entradores de ganado o vendedores que venden al por mayor; allí en el matadero, hay canales de vaca, ternera, corderos y lechales. Terneras por ejemplo, puede haber a lo mejor desde ochenta hasta ciento veinte pesetas el kilo en su variedad. Entonces uno elige lo que mejor le conviene a su establecimiento, porque tiene clientes pues que prefieren unas carnes y una calidad más que otra, elige uno lo que tiene que comprar, allí en el matadero. Puede elegir todas.

LOC: ¿Y respecto a los otros productos?

AL: Todas las casas productoras en España, de chacinas, embutidos y carnes pues tienen un equipo de vendedores que recorren los establecimientos semanalmente o dos veces en semana y ellos ofertan los productos, nos muestran las calidades y entonces nosotros compramos, nos sirven, y a continuación se hace la venta.

LOC: Agustín, usted que es entendido: ¿en qué provincias españolas se encuentran los mejores productos cárnicos?

AL: Como productos cárnicos referentes a producción ganadera, pues, se puede decir que en la provincia de León y de Asturias se encuentran las mejores terneras; no tienen quizá – aunque a veces también – la blancura de estas terneras de Castilla que antes las amas de casa las criaban como en un cestito de mimbre y no mordían y por eso estaban en esa blancura tan hermosa. En Madrid vienen todos los productos de toda España; donde más terneras vienen es de León y de Asturias.

LOC: ¿Alguna otra provincia que sea rica quizá en cerdo? en cordero?

AL: Cerdo . . . La mejor producción de cerdo existe en la parte de Andalucía y Extremadura; cerdo ibérico es un cerdo que se cría especialmente para producir el jamón de Jabugo que tanta demanda tiene internacionalmente. Pero hay otra clase de cerdos producidos en granjas especializadas que se producen en la parte del Norte de España; en Lérida, Huesca, Teruel, hay unas granjas enormes que producen diez, veinte mil cerdos todos los años, especiales, muy ricos, de la mejor producción. Después hay un cordero llamado pascual que se produce mucho en la parte de Extremadura; en verano lo pasan para parte de Soria o Segovia a pastar, y es un cordero de una carne exquisita. Luego hay el cordero lechal; el cordero lechal se produce en la parte de Segovia, Guadalajara, Cuenca, el cordero más fino que existe en España. Luego la carne vacuna que también se produce mucho en Galicia, en Asturias, León, Salamanca.

LOC: Agustín Lacalle, muchísimas gracias por esta conversación amplia y especializada que usted nos ha brindado; muchísimas gracias porque así hemos ampliado nuestros conocimientos.

VOCABULARIO

la cadena de establecimientos dedicados a la alimentación   *chain of food stores*
entregado   *dedicated*
al frente de   *at the head of*
o sea   *or rather; that is (to say)*
oriundo de   *native of*
más acumulada de   *together with*
el embutido   *sausage*
los fiambres   *cold meats*
la báscula   *weighing machine*
la parrilla   *rack*
el bulto   *bulky parcel*
la faena   *job*
deshacer   *to cut up*
la modalidad   *type*
la jornada de trabajo   *working day*
acudir   *to get to*
el matadero   *slaughterhouse*
hacer rotular carteles   *to label the posters*
la contabilidad   *accounts, book-keeping*
despachar   *to serve*
el cordero pascual   *Spring lamb*
el cordero lechal   *suckling lamb*
la ternera   *calf, veal*
la ternera de leche   *suckling calf*
la carne de choto   *goat's meat*
por término medio   *on average*

46

el asado   *roast*
lo que más   *best of all*
el filete   *steak*
congelado   *frozen*
la hamburguesa   *hamburger*
los pimientos   *peppers*
relleno   *stuffed*
con mechas de tocino   *with slices of bacon (for larding)*
el entrador de ganado   *meat dealer*
al por mayor   *wholesale*
el canal   *carcase of animal cleaned and gutted*
a lo mejor   *probably*
la chacina   *dried salt pork for sausages*
recorrer   *to travel around, visit*
ofertar   *to supply*
entendido   *expert (in these matters)*
cárnico   *meat (adj.)*
ganadero   *cattle (adj.)*
criar   *to bring up, rear*
cestito de mimbre   *wickerwork basket*
pastar   *graze*
vacuno   *adj. from* vaca
brindar   *to offer, give*

REDACCIONES

1. La tiranía de la civilización – observaciones.

2. El autoservicio es un paraíso para rateros.

3. La importancia de la higiene y la sanidad en los almacenes, hoteles, y restaurantes.

PARA DISCUTIR

El modo de vivir moderno ha contribuido a la desaparición de algunas costumbres y tradiciones. Por ejemplo, poco a poco las pequeñas tiendas van desapareciendo para ceder paso a los supermercados impersonales sin identidad propia. Esto, a la vez, supone, que nos guste o no, la aceptación de la rapidez en todas sus formas – preparados, congelados etc., a fin de ahorrar tiempo. Discuta los pros y contras de esta realidad inescapable.

Ciudad Universitaria de Madrid.

6
Jaime Romero Vives – estudiante de architectura

Las universidades, en toda Europa, se hallan en un estado de inquietud y de reforma; los estudiantes se sienten inseguros de sus carreras y mal contentos del contenido y forma de los programas universitarios. Para tener una idea concreta de los problemas de este sector tan importante para el porvenir de nuestro país, nos hemos dirigido a la Ciudad Universitaria de Madrid para hacer una entrevista. Jaime Romero Vives es un joven estudiante de arquitectura. Jaime responde con sinceridad a las preguntas que le hago.

Un grupo de estudiantes de arquitectura con su profesor.

LOC: ¿Cuál es tu carrera?

JRV: Mi carrera es arquitectura.

LOC: ¿Por qué has elegido esta carrera?

JRV: Pues porque es una carrera que satisface mis aspiraciones artísticas, y también, es una carrera muy humana, muy dada también a observar la gente, a los demás, y tal . . .

LOC: En tu familia, ¿hay más arquitectos, Jaime?

JRV: No, soy el primero de mi dinastía.

LOC: ¿Te costean tus padres los gastos, todos los gastos?

JRV: Sí, todos los gastos los costean mis padres.

LOC: Y ¿cómo vives? ¿En pensión, en tu casa o en Colegio Mayor?

JRV: Con mi familia vivo. En mi casa con mi familia.

LOC: ¿Qué diferencias hay entre la enseñanza media y la universitaria?

JRV: Pues una diferencia muy grande ¿no? La enseñanza media está para ir metiendo en la cabeza del joven, del pequeño, el modo de estudiar, una línea de razonamiento que ya en el hombre maduro, en la enseñanza universitaria, debe estar ya formada.

LOC: Comprendido. Preparar, gimnásticamente hablando, el intelecto del muchacho para lograr aprender las enseñanzas de la carrera superior.

JRV: Exactamente. Eso vale, en cuanto a la madurez del individuo; también después por supuesto, la diferencia académica también es muy grande, en la enseñanza media son los conocimientos imprescindibles, y en la otra ya son conocimientos superiores.

LOC: Especializados.

JRV: Exactamente, y a cada uno, su carrera.

LOC: ¿Estás conforme con el actual sistema de enseñanza español?

JRV: Pues no, no estoy conforme, no. Bueno, la verdad es que se puede decir que nadie está conforme.

LOC: ¿Cuáles son a tu juicio los problemas actuales del sistema de enseñanza español?

JRV: Bueno, pues yo veo estos problemas, ¿no?: están por ejemplo el que la enseñanza estatal no sea gratuita; el que no haya competencia por medio de universidades particulares; también hay problemas de índole académico, que son en realidad los más desagradables al estudiante, y también de índole social, por supuesto.

LOC: El Ministro de Educación Nacional, Señor Villar Palasí, ha publicado su programa de reforma de la enseñanza en España, conocido vulgarmente con el título de *El Libro Blanco*. ¿Conoces, Jaime, *El Libro Blanco*?

JRV: Pues no lo he leido pero lo conozco por la prensa y discusiones entre compañeros y amigos, y cosas de éstas.

LOC: A tu juicio, ¿es importante el programa de reforma que en él se enuncia?

JRV: Toda reforma debe ser importante, si no, sería una cosa absurda, ¿no?; pero claro, somos todos mucha gente y somos muchos los que criticamos. *El Libro Blanco*, pues, tiene un programa, bajo mi modo de ver, por supuesto, un programa que puede arreglar cosas pero . . . no sé como decirlo, a largo plazo quizás; y además a unos perjudica, a otros favorece; no sé, hay una especie de desbarajuste, ¿no?

LOC: Posiblemente sea excesivamente amplia la reforma para que pueda ser realidad en un futuro inmediato.

JRV: Sí, en efecto, es muy amplia.

LOC: ¿Realizas tus estudios solo o prefieres reunirte con compañeros para cambiar impresiones?

JRV: Pues en cuanto a estudios, bueno, dado que mi carrera es más bien cosa de matemáticas, físicas y cosas de éstas, ¿no?, en cuanto a, diríamos, asignaturas teóricas de este tipo es difícil reunirse con compañeros para estudiarlas, ¿no? Son cosas que se estudian sólo con lápiz y papel. Y ahora en cuanto a la parte artística, a la parte de dibujos, la parte de estética, y cosas de éstas, son asignaturas en que a nosotros nos gusta mucho reunirnos, charlar sobre arte, charlar sobre la pintura, arquitectura y cosas de éstas, así.

LOC: ¿Suspendes con frecuencia?

JRV: Pues . . . la verdad es que en este curso he suspendido cinco de las seis asignaturas que llevamos.

LOC: Jaime, ¿tienes alguna ventaja, con tu carnet de universitario, respecto a precios en comida, transporte, etc., etc.

JRV: Bueno, pues, las ventajas que tenemos con el carnet son poder entrar en museos gratis totalmente, después la tarjeta del autobús de la Universidad que cuesta a una peseta el viaje en vez de cuatro pesetas que es lo que cuesta normalmente, después la piscina universitaria y el campo de deportes y cosas de éstas. Ahora, como el universitario está muy falto de tiempo se puede decir que uso, casi exclusivamente, los servicios del autobús.

LOC: ¿Qué relaciones tenéis los estudiantes con el profesorado?

JRV: Pues . . . hay excepciones por supuesto, ¿no? Pero generalmente las relaciones se reducen única y exclusivamente a que el señor entre en clase, suelte su parrafada, ¿no?, y ese señor desaparezca. O sea da su clase y se va.

LOC: ¿No existe contacto social, contacto amistoso incluso para intercambiar ideas sobre las materias estudiadas, fuera de las clases?

JRV: Pues, no existe. Hay excepciones. Hay profesores que son muy amantes de su asignatura, pero solamente conozco a uno por mi hermana, que también está estudiando, y ella dice que sus profesores son muy amables, y tal. Yo no conozco a ninguno, pero en fin . . .

LOC: ¿Tienes que realizar algún tipo de trabajo para ayudarte en los estudios, para ayudar a tus padres en la carga que para ellos, hoy por hoy, representas?

JRV: Pues no, desgraciadamente mis padres tienen que cargarse.

LOC: ¿Totalmente contigo?

JRV: Totalmente, sí.

LOC: ¿Hay muchos estudiantes casados, Jaime?

JRV: Pues muy pocos aquí en España. Bueno, yo conozco a dos única y exclusivamente, pero como conozco a una cantidad de estudiantes, es un tanto por ciento mínimo; no creo que lleguen a un uno, siquiera.

LOC: ¿Surgen problemas de disciplina académica frecuentemente?

JRV: De indisciplina.

LOC: De indisciplina; muchas gracias.

JRV: Pues . . . indisciplina, sí surgen problemas de indisciplina – pero no son tantos como debieran ser de índole académica – pues debiera ser la perfecta universidad lo que privara, ¿no? La indisciplina suele surgir por problemas sociales, problemas . . .

LOC: ¿De convivencia?

JRV: Problemas incluso políticos, a veces, de convivencia, todos estos problemas.

LOC: Respecto a esto, ¿os sentís ligados los estudiantes a la vida social y política de nuestro país?

JRV: Pues sí, en efecto. Estamos muy ligados porque un estudiante piensa que él tiene que ser el hombre del mañana, tiene que estar consciente de esos problemas para mañana no olvidarlos como los olvida mucha gente que ahora está arriba.

LOC: Comprendo. ¿Existe colaboración, intercambio con otras universidades españolas y extranjeras?

JRV: Pues sí, en el caso de la universidad española, por lo menos en arquitectura, existe la UIEA, que es la Unión Internacional de Estudiantes de Arquitectura, pero esta organización se limita a dar reuniones de vez en cuando en Ginebra, y no sé el alcance que tiene luego.

VOCABULARIO

la carrera   *course*
y tal   *and such like*
costear   *to pay the cost*
Colegio Mayor   *University hall of residence*
está para ir metiendo en la cabeza del joven   *is for cramming the child's head with*
para lograr aprender   *so that he can learn*
eso vale   *that's right*
imprescindible   *essential*
a cada uno, su carrera   *everyone chooses his own course*
a tu juicio   *in your opinion*
el que (+ subjunctive)   *the fact that*
estatal   *state (adj.)*
la competencia   *competition*
el índole   *nature*
y cosas de éstas   *and so on*
enunciar   *to put forward, state*
bajo mi modo de ver   *as I see it, in my opinion*
a largo plazo   *in the long term*
el desbarajuste   *confusion*
cosa de   *a matter of*
la asignatura   *subject (of study)*
suspender   *to fail an examination which one can re-sit*
el carnet de universitario   *student union membership card*
falto de   *short of*
suelte su parrafada   *says his piece*
hoy por hoy   *these days*
un tanto por ciento mínimo   *a very small percentage*
surgir   *to arise, occur*
lo que privara   *that had none*
arriba   *in power, at the top*
Ginebra   *Geneva*

REDACCIONES

1. La inquietud liberalista en las universidades. Los estudiantes ¿sufren injusticias o no?

2. Al otorgar becas a los estudiantes los mima el estado. Sus opiniones sobre esta crítica.

3. Los exámenes son una lotería, no son un modo justo de estimar la capacidad del individuo.

PARA DISCUTIR

El estudiante de hoy tiene que ser el hombre del mañana y así es que se aprovecha de su última oportunidad de ser revolucionario o idealista, porque pronto tendrá que conformarse con las opiniones y normas que la sociedad le impone.

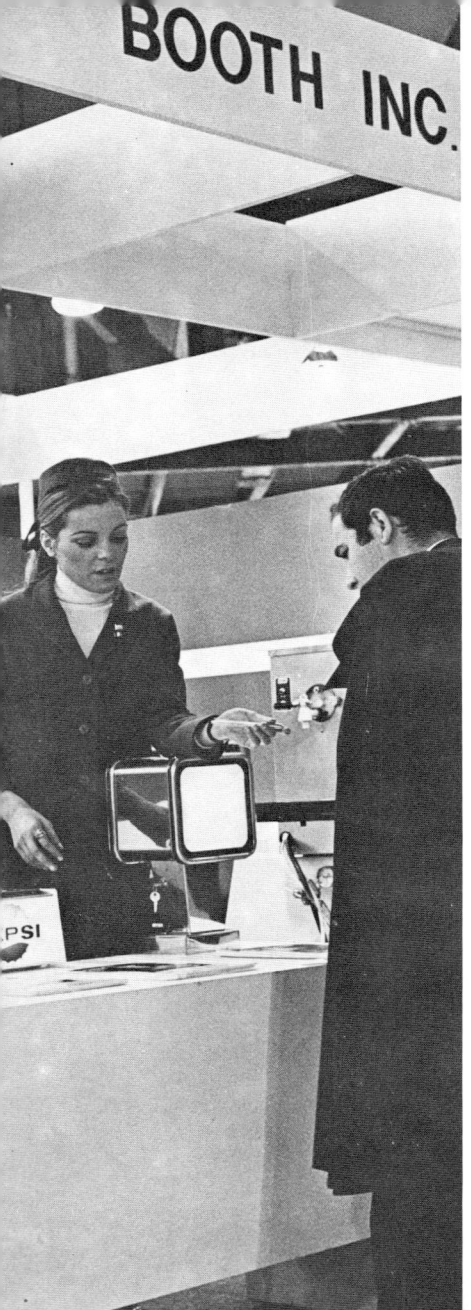

Exposición Maquinaria, Madrid 1970.
Cuando está tratando con personas
extranjeras la azafata tiene la
responsabilidad de representar su país.

7

Gracia García Chávarri – azafata de congreso

Son numerosas las profesiones en que una mujer desarrolla una capacidad superior, y a través de las que se integra cada vez más firmemente en el desarrollo de un país. Este es el caso de las llamadas «azafatas de congreso», profesión ésta poco conocida todavía en España, poco generalizada pero importante ya, es de joven creación. Para saber todo acerca de estas azafatas nos trasladamos a las oficinas de SIASA, en Paseo de la Habana 134. Hablamos con la señorita Gracia García Chávarri.

LOC: Gracia, ¿qué es exactamente SIASA?

GGC: SIASA, Sociedad Internacional de Azafatas, es una sociedad que tiene en realidad una doble función. Por un lado nos ocupamos de centralizar los servicios necesarios para trabajos eventuales, en exposiciones, congresos, ferias, inauguraciones, etc. Y estos servicios pueden ser: de azafatas intérpretes, de secretarias, de guías socorros de turismo, y por otro lado el de organizar propiamente estos trabajos, sobre todo la organización de congresos. En todo esto, organización de congresos, existe la organización puramente técnica, también la reserva de los hoteles, la recepción de los participantes y la organización de los actos sociales.

LOC: Muy bien. ¿Algo más?

GGC: Sí. Pues entonces me queda muy difícil explicar exactamente todos los servicios de SIASA, porque justamente abarcamos un plano de trabajo muy extenso.

LOC: Dígame ahora, ¿de cuándo data la creación de SIASA?

GGC: SIASA se creó exactamente en Setiembre de 1966.

LOC: ¿Es exclusivamente femenina esta profesión?

GGC: Pues en principio sí. Hasta ahora solamente tenemos mujeres, pues claro es un trabajo de azafata, recepcionista, etc.

LOC: ¿Hay una escuela preparatoria o un centro que otorgue este título?

GGC: No. Por ahora no hay ningún centro ni escuela que otorguen el título, solamente nosotros hacemos una selección, porque recibimos la visita de las personas que los pueda interesar, y entonces se les da un cuestionario, un tipo de cosas que les sirve de preparación, y se les hace un examen.

LOC: ¿De qué consta este examen? ¿Qué tipo de conocimientos tiene que aportar una persona que aspire a ser azafata de congreso?

GGC: Bueno, en principio parece ser que solamente los idiomas son importantes, pero en realidad es mucho más extenso que todo esto, porque presupone una preparación intelectual y cultural todo bastante grande. Entonces, este examen en realidad consiste exactamente en una parte de idiomas—se piden dos o tres idiomas como mínimo, contando el español, y luego más idiomas mejor—y después una parte cultural. Entonces, se hace un examen que, pues justamente por eso de cultura, tiene unas pruebas de geografía, de historia, arte, y también actualidad. Luego hay también un test psicológico, y una parte de rapidez, porque es un trabajo que exige mucha rapidez.

LOC: ¿Agilidad mental?

GGC: Eso es. Agilidad mental.

LOC: Y también otra cosa importante y que usted calla: el aspecto físico de estas personas, de estas señoritas. Tienen que ser agraciadas, con don de gentes, con un atractivo por lo menos, ¿no?

GGC: Bueno, sí. No hace falta que se sea una belleza, pero desde luego hay que tener un atractivo, no ser demasiado tímida, en fin ser una persona abierta y justamente con eso, tener un don de improvisación y de simpatía. Desde luego.

LOC: ¿Una vez ingresadas en SIASA, este trabajo es eventual o fijo?

GGC: El trabajo de azafata, intérprete, secretaria y guía es un trabajo eventual, que claro depende de la demanda, como es natural. Hay un número de aspirantes, en fin nosotros tenemos unas quinientas aspirantes, que tienen ficha pero que no trabajan todo el tiempo, y luego otras ciento cincuenta que están ya, como si dijésemos en nómina, aunque no es una nómina directa realmente, porque se puede estarse a veces tres meses sin trabajar y luego de repente estar trabajando dos meses seguidos.

LOC: O sea, la veteranía es un grado también en SIASA.

GGC: Sí, claro, desde luego.

LOC: Dígame ahora, ¿tienen buena remuneración?

GGC: Pues claro, al ser un trabajo eventual la remuneración

siempre es mayor que para un trabajo fijo. Y además claro se cobra por días y entonces en principio es una remuneración más alta que en cualquier otro trabajo fijo. La secretaria es más alta que si fuese una secretaria que estuviese trabajando en una empresa.

LOC: Comprendido. ¿Y qué responsabilidad abarca esta profesión?

GGC: La responsabilidad es muy grande porque casi siempre está tratando con personas extranjeras, claro, entonces en el fondo se es siempre un poco la representación de España ante esta gente, y entonces claro la representación no solamente de toda la España, la España profesional, de la cortesía española y todas estas cosas.

LOC: ¿Qué número de asociadas tiene SIASA? Qué número de señoritas prestan servicios aquí?

GGC: Sí, ya he dicho antes que prestando realmente servicios en Madrid somos ciento cincuenta y luego también tenemos ahora, desde hace dos años, filiales. Existe una sucursal en Málaga, otra sucursal en Valencia, y otra en Bilbao y otra en San Sebastián, y se está pensando en crear más.

LOC: ¿Este trabajo suyo obliga a frecuentes desplazamientos?

GGC: Pues sí, en principio sí, porque congresos, exposiciones y ferias se realizan en todos los sitios y cada vez tendemos más en ocupar justamente los servicios con nuestras filiales, pero cuando no existe sucursal de SIASA en el sitio donde requieren un servicio, pues nos desplazamos.

LOC: ¿Qué criterio se sigue en la directiva de SIASA para los diferentes trabajos?

GGC: Eso depende de la especialidad de cada una, porque según lo que se pida, es una cosa por idiomas, es también por aptitudes, en fin eso depende claro del trabajo que se pide y entonces esto se intenta ver con las cualidades de cada persona.

Sociedad Internacional de Azafatas, S. A.
Paseo de la Habana, 134
Tels. 259 14 22 - 457 48 91
MADRID-16

PROYECTO DE ORGANIZACION DE CONGRESOS INTERNACIONALES

Indice de Servicios

1.- SECRETARIA DEL CONGRESO

- Secretaria de Dirección en la Secretaría.
- Secretarias bilingües ayudantes.
- Preparación de:

    Sesiones de Trabajo   Reuniones
    Comisiones   Ponencias
    Mesas Redondas   Horarios

- Correspondencia con los ponentes.
- Correspondencia con los congresistas.
- Inscripciones.
- Tramitación de permisos.
- Servicio de multicopista y difusión de documentps. .
- Traducciones.

2.- SELECCION DE LOCALES PARA LOS DISTINTOS ACTOS

- Sede del Congreso.
- Locales para actos sociales y culturales.

3.- SERVICIOS TURISTICOS

En todos los actos puramente turísticos, SIASA actúa como
coordinadora a través de una Agencia de Viajes.
- Reserva de Hoteles.
- Excursiones y visitas Turístioas.
- Viajes Post-Congreso.
- Seguro Turístico.

4.- ACTIVIDADES DE DIFUSION

- Con carácter previo a la celebración del Congreso.
- Durante la celebración del mismo.
- Comunicaciones de acuerdos y conclusiones.

.../.

LOC: ¿Cuenta SIASA, dado esta profesión la consideramos importantísima, muy amplia, con apoyo estatal?

GGC: No, por ahora no. Como una sociedad anónima cuenta con los requisitos de cualquier sociedad anónima, todavía no tiene ahí una ayuda estatal estudiada, por ahora.

LOC: ¿Tienen ustedes algún tipo de seguro que las ampare?

GGC: En principio hay un seguro para cada trabajo; como es un trabajo eventual con el seguro que cubre todos estos tipos de trabajos, es decir: cuando está trabajando está bajo el seguro social y cuando acaba el trabajo, acaba dicho seguro.

LOC: Comprendido. ¿Qué edad límite tienen las personas en activo en SIASA?

GGC: No hay edad límite. Depende claro de los servicios, pero en fin, lo que importa es tener alma joven y entonces en realidad no la hay, una edad.

LOC: ¡Es maravilloso esto, no! ¿Puede ser azafata, entonces, una mujer casada?

GGC: Sí, sí, por supuesto. Nosotros, de hecho, tenemos varias chicas que estaban trabajando antes en SIASA, que se han casado y siguen, otras que han entrado ya casadas, porque como es un trabajo eventual que no te obliga en ningún caso, uno está en libertad de decir que no puede si tiene que hacer alguna cosa, y entonces realmente lo puede hacer cualquier persona.

LOC: Ya comprendo, entonces tiene un margen de libertad francamente grande, ¿no?

GGC: Sí, esto es lo bueno, porque es un trabajo que lo puede hacer por eso un tipo de chicas que estén estudiando, o que tengan que viajar mucho.

LOC: Gracia, ¿Se producen frecuentemente bajas en SIASA?

GGC: Sí. En fin, no muchas bajas, pero las bajas que se han hecho, hasta ahora siempre han sido por causas matrimoniales, claro. Al ser chicas jóvenes, como es natural, muchas se casan, y aunque algunas como he dicho antes, siguen trabajando, algunas se marchan a vivir fuera, y entonces ya no pueden seguir . . .

LOC: ¿Ocurre que se casen con personas que hayan conocido obligadas precisamente por su profesión?

GGC: Bueno, no tanto como se piensa esto, porque en realidad existe una especie de leyenda sobre la señal de los congresos y todo esto, pero en realidad algunas han conocido sus maridos justamente por la profesión, y otras no, en fin, es una cosa que no existe una regla fija.

LOC: ¿Gracia, está soltera?

GGC: Yo estoy soltera.

LOC: ¿Piensa casarse?

GGC: Sí, pronto, pero vamos, no tiene nada que ver con los congresos.

LOC: Gracia, muchísimas gracias también (aunque sea reiterativo) por esta acogida tan maravillosamente cordial que nos ha dispensado.

VOCABULARIO

la azafata   *hostess, stewardess*
desarrolla una capacidad superior   *is better qualified*
llamadas   *so called*
me queda   *I find it*
abarcar   *to cover*
aportar   *to have*
que usted calla   *which you do not mention*
agraciado   *presentable, elegant*
con don de gentes   *a good mixer*
trabajo eventual   *casual, part-time work*
trabajo fijo   *full-time employment*
la aspirante   *applicant*
tienen ficha   *are registered*
como si dijésemos   *as it were*
en nómina   *on the roll*

la veteranía   *experience*
se cobra por días   *we are paid by the day*
la filial   *branch*
la sucursal   *branch*
desplazamientos   *travel*
realizarse   *to take place*
otorgar   *to grant*
se intenta ver con   *they try to match up with*
el apoyo estatal   *state aid*
la sociedad anónima   *limited company*
estudiado   *contemplated*
seguro que les ampare   *insurance cover, insurance to protect you*
en activo   *employed*
la baja   *vacancy, resignation*
la señal   *image*

REDACCIONES

1. La importancia de saber idiomas en el mundo actual.

2. ¿Cuáles son los motivos que inducen a una señorita a elegir la carrera de azafata?

3. Sin duda alguna sólo una mujer puede ocupar ciertos puestos.

PARA DISCUTIR

En muchas profesiones la naturaleza de su trabajo le obliga a uno a frecuentes desplazamientos, a viajar dentro y fuera de su país. A muchas personas les gusta la idea de visitar nuevas tierras que nunca podrían ver en otras circunstancias, por ejemplo, representantes extranjeros. Pero hay unos que se cansan de tanto viajar y otros que no pueden adaptarse a los cambios; diferentes costumbres, hoteles, comidas, idiomas y las demás cosas que les desorientan.

8
Mayte Martínez – secretaria

En la empresa Sacofiplas de Madrid, una muchacha amable, eficiente y segura nos recibe. Mayte Martínez, secretaria y mujer encantadora, contesta así a nuestras preguntas.

Tiene que existir una relación de confianza absoluta entre el jefe y su secretaria.

LOCUTOR: ¿Por qué se hizo secretaria?

MM: Pues en principio porque creo que en España una de las carreras que hay para la mujer no universitaria y que tiene mejor salida es la de ser secretaria.

LOC: ¿Qué conocimientos, qué estudios tuvo que aportar para conseguir su título?

MM: Pues yo en principio hice el Bachillerato Elemental y después estuve recorriendo, pues, todos los países de Europa, aprendiendo sobre todo francés, inglés y alemán porque sabía que era una de las cosas que me iban a servir mejor para ejercer, no solamente secretaria, sino cualquier carrera que tuviera relación un poco con la gente en general, y pues, en España ahora mismo, los idiomas son una cosa fundamental absolutamente, sobre todo para una mujer no universitaria.

LOC: ¿Cuánto tiempo ha durado esta preparación suya?

MM: Pues esta preparación mía duró desde los diez años más o menos que yo empecé a irme en verano fuera, aunque hacía el Bachillerato aquí en España, hasta los diecisiete más o menos.

LOC: Mayte, ¿tuvo que pasar algún examen para conseguir esta plaza en Sacofiplas?

MM: Pues, realmente sí, claro. En toda empresa ponen anuncios cuando tienen un puesto libre para una secretaria. Bien, esta empresa estaba en formación totalmente—cuando yo entré tenía apenas dos meses de su creación—y entonces me hicieron una especie de examen para ver mis cualidades.

LOC: ¿Realizó previamente alguna práctica en otra secretaría de menos responsabilidad que en la que está ahora?

MM: Pues no. Directamente entré allí porque como estaba en formación, como he dicho antes, la empresa, pues no necesitaban una persona con experiencia, necesitaban simplemente una persona que tuviera presencia, que supiera hablar un poco decentemente, y que sobre todo fuera desenvuelta y un poco lista y entonces, simplemente por eso . . .

LOC: ¿En qué consisten sus obligaciones actuales?

MM: Pues mire, mis obligaciones actuales consisten en ser un poco secretaria y Public Relation, que es una cosa bastante rara, ¿no? Eso consiste en escribir, pues llevar toda la correspondencia de la secretaría, y después consiste mucho también en hablar con la gente que llega, tratarles bien, enrelacionarme con gente . . .

LOC: ¿Cuál es su jornada laboral?

MM: La jornada laboral que tenemos es de ocho horas. De una y media, de . . . perdón, de nueve de la mañana a una y media, y de cuatro y media a siete.

LOC: Fuera de estas horas normales, ¿se vé obligada con frecuencia a hacer horas extraordinarias?

MM: Pues, a veces sí. A veces resulta que se amontona el trabajo, que llegan cosas imprevistas que tienes que solucionar en menos de veinticuatro horas y naturalmente tenemos que quedarnos algunas horas, pero lo hacemos todos muy a gusto.

LOC: ¿Puede describirnos usted, Mayte, un día de trabajo suyo?

MM: Sí, perfectamente. Llego a las nueve de la mañana, como he dicho antes, y estamos hasta las diez o diez y media estudiando el trabajo que haya, despachando correspondencia, leyendo cartas, contestando o dictándonos las que hay que contestar, y atendiendo un poco a la correspondencia atrasada también, y a las diez empieza a sonar el teléfono . . . a las diez empiezan las llamadas, empieza a haber que ocuparse de pedidos, empieza a llegar gente, empieza, en fin, el «follón», esa especie de hervir de oficina que es el no parar, que dura hasta la una y media. Y por la tarde más o menos lo mismo; por la tarde se empieza a las cuatro y media, y hasta las cinco y media hay tranquilidad, pero a partir de las cinco y media hasta las siete, ya no se para. Hay otra vez entrevistas, otra vez señores que vienen a ver a gente, y señores que llaman, y clientes, en fin, proveedores, todo esto.

LOC: ¿Cuál es el lado más duro de la profesión de secretaria?

MM: Pues, el lado más duro es la gente antipática, la gente

mal educada. La gente que cuando llega un momento dado se creen con derecho de exigir o pedirte algunas cosas de mala manera, de mala forma, chillarte incluso, porque te han pagado un producto.

LOC: ¿Y el lado más grato?

MM: El lado más grato es cuando has hecho algo bien. Es decir cuando has tenido un éxito–si se puede llamar–en tu trabajo, que has hecho una cosa con iniciativa, sin preguntar, sin consultar, porque sabes que tienes que hacerlo así, lo has hecho bien y te dicen: «Esto está muy bien hecho, lo ha hecho usted muy bien». Entonces, es una satisfacción muy grande.

LOC: Mayte, ¿el carácter y el aspecto incluso, el aspecto físico de una mujer, cuentan a la hora de valorar los méritos de una perfecta secretaria?

MM: Pues cuentan, pero yo creo que cuenta más la simpatía. El aspecto físico, evidentemente, pues cuenta mucho, porque si tienes una presencia agradable pues es mucho más grato tratar contigo un señor que viene a tratar de un negocio, pero sobre todo la simpatía es fundamental, en una cosa de éstas, ser simpática y amena con la gente.

LOC: ¿Está bien pagada una secretaria?

MM: Pues una secretaria cuando empieza, no, pero a medida que pasa el tiempo y a medida que se ven las cualidades de una persona, sí. El sueldo de una secretaria depende siempre de su capacidad. Es decir, nunca puede haber una secretaria que gane igual que otra si no tiene la misma capacidad de trabajo o la misma simpatía, o en fin una serie de cualidades que hacen falta, que son las fundamentales.

LOC: Mayte, ha hablado usted de capacidad en el trabajo, ¿existen categorías también dentro del secretariado?

MM: Sí por supuesto.

LOC: ¿Cuales son? y ¿por qué?

MM: Pues, mire, las categorías en el secretariado . . . no tengo un nombre para definirlas pero yo sé que hay buenas y malas secretarias. La buena secretaria es la secretaria a la que el jefe no tiene que estar supervisando constantemente todo el trabajo que hace, en la que tiene una plena confianza. La buena secretaria es la que ahorra trabajo al jefe. La mala secretaria es la clásica mujer que está constantemente preguntando lo que tiene que hacer con este papel, donde tiene que archivarlo, qué tiene que decirle a este señor que ha llegado . . . Todo esto da más trabajo al jefe, porque tiene que hacerlo todo él.

LOC: Los idiomas también pueden ser una categoría; el conocimiento de idiomas.

MM: Muchísimo, muy grande, dependiendo también de la empresa. Naturalmente, hay empresas que son de ámbito nacional solamente y no necesitan idiomas, entonces sus secretarias se defienden con saber el español puro y pelado. Pero hay empresas que en cuanto tienen una visión un poco más amplia y quieren enfocarse al extranjero, pues son fundamentales los idiomas, porque naturalmente si ahora mandamos traducir una carta a una escuela de traducción, pues, una semana, y la que escribimos nosotros en contestación es otra semana para que la traduzcan y entonces mandarla, si tiene un mes casi en mandar una carta y tener contestación, y claro es, tener una persona que sepa idiomas y que la haga ella misma y en el mismo instante es fundamental.

LOC: La secretaría es una carrera típicamente femenina. ¿Por qué?

MM: Pues porque . . . en todos los negocios la parte financiera, la parte brusca, si se puede llamar así, aun se la lleva el hombre, pero en cambio siempre hay la parte dulce y yo creo que debe llevarla la mujer, por eso creo que es una profesión típicamente femenina. No obstante hay secretarios, secretarios hombres, pero son más administrativos que secretarios. Es muy agradable para una persona que llega a una oficina encontrarse con una mujer amable, simpática, que le reciba bien, si no le va a aceptar lo que él viene a decir o si no va a hacer lo que él quiera, o darle la solución que necesita, por lo menos le sonríe y le dice: «Pues mire usted, puede ser que dentro de quince días, o de veinte días . . .» y entonces la gente se va mucho más contenta.

LOC: Una vez conseguido el título, ¿es muy difícil encontrar empleo?

MM: Eso es como en todas las carreras, depende de cómo se sea: si se es buena o se es mala, si tienes capacidad o no tienes capacidad.

LOC: Y . . . ¡dígame¡ ¿Es usted de Madrid?

MM: Sí, soy de Madrid, he nacido en Madrid.

LOC: ¿Y lleva trabajando siempre en Madrid?, o ¿ha tenido que prestar sus servicios fuera de nuestra capital?

MM: No, no. He trabajado siempre en Madrid.

LOC: Comprendido. ¿Existe una relación de confianza absoluta entre el jefe y su secretaria?

MM: Tiene que existir. Es muy importante que se conozcan y se lleven bien y sobre todo se conozcan uno al otro en cuanto a trabajo, en cuanto a saber cómo trabaja cada uno; conocerse de carácter, me refiero, porque hay una compenetración que en un momento dado se salvan situaciones simplemente con una mirada, y que sabes que le sienta mal a tu jefe hacer una cosa, o que no se debe hacer porque él no lo acepta.

LOC: Por supuesto. ¿Es usted, como secretaria, capaz de guardar un secreto, Mayte?

MM: Hay que serlo, hay que serlo a la fuerza; en una oficina se llevan muchísimas cosas que no pueden salir al público, vamos hay que ser un baúl cerrado con siete llaves. Y sí, yo sí, soy capaz.

LOC: ¿Qué límite de responsabilidad, según su criterio y según su experiencia, debe tener una secretaria?

MM: Pues el límite tiene que ser siempre muy grande, porque claro, conociéndose con esa relación que decía yo antes, que me ha preguntado usted, de jefe y secretaria, hay muchas veces que ni te dictan una carta, es decir simplemente te dicen: «Esta carta conteste usted que sí, o conteste usted que no, o contéstele usted que no estamos de acuerdo». Entonces tú tienes que redactar la carta según tu criterio. Ya en todo eso el límite de responsabilidad es muy grande porque muchas veces cuando das a firmar esa carta, ni la leen porque tienen confianza en tí. Sería horroroso meter la pata, como vulgarmente se dice, es decir equivocarse en una cosa fundamental y que resulta que luego te lleves todos los palos sobre tus costillas, que te los llevarías fundamentalmente. Claro, pues, el límite es muy grande.

LOC: Muchas gracias, Mayte. A través de su conversación nos damos cuenta de lo que distingue a una mujer inteligente de una persona mediocre.

MM: ¡Muchas gracias!

VOCABULARIO

la salida   *opening*
ejercer   *to practise as*
la plaza   *post*
en formación totalmente   *just establishing itself*
desenvuelto   *not shy*
llevar   *to be responsible for*
amontonarse   *to pile up*
imprevisto   *unforeseen, unexpected*
muy a gusto   *gladly, willingly*
atrasado   *outstanding (in arrears)*
el pedido   *order*
el follón   *ruction*
el proveedor   *supplier*
antipático   *unfriendly*
mal educado   *ill-mannered*
chillar   *to bawl, shout*
grato   *pleasant*
incluso   *even*
cuentan a la hora de valorar . . .   *matter when you come to weigh up . . .*
ameno   *pleasant*
clásico   *typical*

archivar   *to file*
son de ámbito nacional   *have a home market*
defenderse   *to get by*
puro y pelado   *purely and simply*
enfocarse a   *set their sights on*
la parte brusca   *hard-headed side of things*
la compenetración   *harmony, rapport*
le sienta mal   *will not please*
hay que serlo a la fuerza   *it's essential to*
el baúl   *trunk, chest*
redactar   *to draw up*
meter la pata   *to put one's foot in it*
llevarse todos los palos sobre sus costillas   *to bear the brunt of it*

REDACCIONES

1. Una secretaria particular tiene que poseer una mezcla de dones. ¡Efectivamente es jefa en todo menos el sueldo!

2. Nos da aliento y confianza saber que el jefe aprecia lo que hacemos, mejorando con ello la dedicación y la productividad. Este es el mejor incentivo.

3. El derecho de huelga.

PARA DISCUTIR

En las grandes empresas la presencia de señoritas guapas y simpáticas ponen un matiz de belleza y delicadeza en la rutina diaria. Sin ellas, el trabajo en las oficinas y fábricas sería monótono.

9
Neira Pol – doctor en medicina, estomatólogo

Es obvio subrayar el extraordinario valor que tiene la medicina en el desarrollo social de una nación. Para hablarnos de todos estos temas relacionados con la medicina, el Doctor Neira Pol.

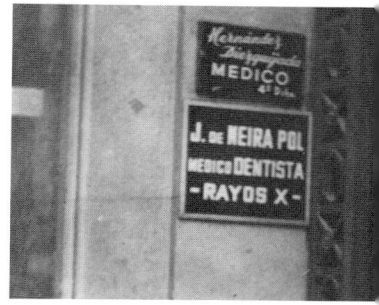

A los niños hay que prestar la mayor atención.

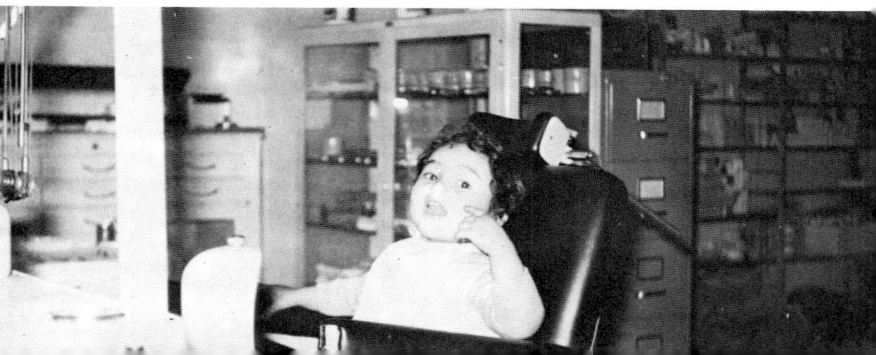

LOC: Señor, ¿cuál es su especialidad, por favor?

NP: Mi especialidad en la actualidad es médico estomatólogo, o sea que tratamos las enfermedades de la boca; es una
especialidad relativamente moderna en España, desde hace
doce o catorce años. Antes ejercí Medicina General ya que
como los estudios aquí son bastante costosos, cuando tenemos
que costearlos con nuestro trabajo; entonces empecé a
trabajar como médico de cabecera y ahora ejerzo la Estoma-
tología.

LOC: Dígame: ¿qué porcentaje de este tipo de enfermos hay
en España? ¿Es realmente elevado?

NP: El número de enfermos es de tal categoría que yo creo
que el noventa y tantos por ciento de la población necesita
acudir a nuestras consultas. El estado de la boca de casi todas
las personas, sobre todo de los niños a los cuales hay que prestar la mayor atención, requiere el cuidado del odontólogo.
Debido a la poca cantidad de profesionales que somos, tenemos nuestras consultas abarrotadas. Lo ideal sería trabajar
con menos gente, pero hay que cubrir con más horas de
trabajo, más horas de sacrificio, ver a todos estos pacientes.
La mayoría de ellos son mujeres y hoy día ya se atiende
bastante, como digo, a los niños. El hombre por su trabajo,
por su mayor ocupación acude menos, aunque su boca sea
también bastante deficitaria.

LOC: ¿Qué motivo puede tener esto? ¿Quizá una alimentación deficiente o equivocada?

NP: Quizá una falta de profilaxis dental, como de profilaxis médica que debiera haberse hecho desde la infancia. Lo
que falta es una buena alimentación, una alimentación
dirigida. En España hay una alimentación unilateral según
las provincias o regiones, unas aguas faltas de flúor, una lactancia deficitaria, muchas veces artificial, la mayoría de las
veces, y yo creo que una mala higiene también de la boca.

LOC: Doctor Neira Pol, ¿qué es la Seguridad Social?

NP: La Seguridad Social es un medio de asistencia médica
para aquellos que no podrían sufragar los gastos que ocasiona

74

la enfermedad. Entonces el estado ha establecido la Seguridad Social–hoy día con este nombre, antes Seguro Obligatorio de Enfermedad–para atender precisamente al 'rabajador. Hay unos límites de ingresos en cada beneficiario de la Seguridad Social y prácticamente está comprendida un setenta por ciento de la población actual española en la Seguridad Social.

LOC: Qué necesidades cubre esta Seguridad Social?

NP: La Seguridad Social, como queda dicho, atiende al enfermo en las enfermedades. No cubre aún todas desgraciadamente. Por ejemplo, concretamente en mi especialidad, sólo tiene derecho el beneficiario de la Seguridad Social a la extracción dentaria, a la cura pasajera y rápida que se puede hacer en un ambulatorio en las dos horas de consulta para ver cuarenta o cincuenta pacientes. Entonces en otro tipo de medicina cubre las enfermedades. El médico de cabecera, las especialidades, los riesgos quirúrgicos no están totalmente cubiertos, las enfermedades mentales tampoco, ni el ingreso en Centros asistenciales de Medicina Interna. Tampoco cubre el cuidado que necesita el subnormal.

LOC: ¿Cree usted que la gente acude siempre a través de este Seguro o que prefiere las consultas particulares, por merecerles éstas acaso más confianza?

NP: Normalmente el paciente, el asegurado o beneficiario acude a la Seguridad Social para obtener una medicina, unas vitaminas, lo que sea. Pero, a pesar que la Seguridad Social presta atención con un sinnúmero de médicos a todos estos beneficiarios, siguen acudiendo a médicos particulares, sobre todo porque en los ambulatorios siempre hay una plétora grande de enfermos.

LOC: Deduzco de todo esto que quizá usted piensa que es más conveniente tener un médico fijo, un médico conocido.

NP: Sin lugar a dudas la medicina social tiene que tener una libre elección del paciente de su médico; y el médico a la vez tiene que elegir su paciente, claro, es lógico; colaborar además con los equipos de medicina para estar informado.

LOC: ¿Cuál es el porvenir de la medicina actual, teniendo en cuenta los avances técnicos tan impresionantes que está haciendo?

NP: No cabe duda que los avances técnicos en la medicina y en las ciencias y en lo que estamos viviendo actualmente, tienden a deshumanizar un poquito la medicina, pero el hombre es un conjunto de cuerpo y alma y no pueden separarse ambas cosas. Y por muchos avances en la técnica, en la curación y todo eso, el primer eslabón de la cadena es el médico de cabecera con quien el enfermo se expansiona, a quien le cuenta sus cuitas y al fin y al cabo es el que le hace esta terapéutica inicial.

LOC: ¿En qué se diferencia el médico rural y el médico de ciudad?

NP: Primeramente creo que el médico de ciudad, debido a que está más al alcance de tomar cursos después de terminada la carrera, está más en contacto con otros especialistas. Sin embargo el médico rural tiene un gran mérito en su haber y es que está más en contacto precisamente con el enfermo. El médico de ciudad está más en contacto con la ciencia quizá pero menos con el enfermo. Normalmente en el medio rural el paciente va al médico cuando está enfermo, realmente enfermo: si no se encuentra enfermo no se preocupa absolutamente de su salud, ni de que sea visto, ni de una posible enfermedad que pueda tener. En las ciudades se presta un poco más atención según los medios más o menos elevados económicamente. Entonces se empieza a haber ya Centros donde ya se hacen reconocimientos generales, cheques, bastante caros por cierto, pues como decíamos antes, la Seguridad Social cubre las enfermedades quirúrgicas o los riesgos quirúrgicos, pero no hace unos exámenes de medicina interna a partir de una determinada edad, como debiera ser para prevenir enfermedades crónicas, por ejemplo, o enfermedades de tipo canceroso.

LOC: ¿Es usted partidario de decir toda la verdad al enfermo?

Núm. de inscripción en la Seg. Social

INSCRIPCION DE EMPRESA EN LA SEGURIDAD SOCIAL

● Para comunicar la inscripción de la empresa, preséntese por triplicado, dejando en blanco el volante de baja de la parte inferior. ●
Se recogerá una copia sellada como resguardo. ● La modificación de cualquier dato de la presente hoja de inscripción debe comunicarse por carta al I. N. P. en los 5 días siguientes a aquélla.

Nombre o razón social					N.º patronal de la central
DOMI-CILIOS	Legal: Calle	n.º	localidad		Dist. Postal
	Del centro de trabajo: Calle	n.º	localidad		Dist. Postal
Mutualidad Laboral		Entidad de Accidentes de Trabajo			
Actividad económica		Sindicato		N.º días paga extra	

EXCEPCIONES DE COTIZACION TOTAL O PARCIAL

● Consígnese «TOTAL» en el recuadro correspondiente al concepto (Protección a la familia, Asistencia por enfermedad, Incapacidad transitoria por enfermedad, Invalidez provisional por enfermedad, Vejez e Invalidez-Muerte-S. por enfermedad, Desempleo) de que se halle totalmente exceptuada ● Si la excepción es parcial, indíquese en dicha casilla tan sólo el porcentaje de cotización que le afecte.

CONCEPTOS A QUE AFECTA

MOTIVO DE LA EXCEPCION

....

....

....

....

Cuota Sindical ....

Formación profesional ....

ALTA	Fecha	RECIBI EL ALTA (Sello del I. N. P.)	Reservado para codificación
	Causa (nueva creación, desglose de la n.º, etc.)		
Núm. inicial de trabajadores	Firma del titular o del representante legal		
	Núm. Dto. Nacional de Identidad:		

Resguardo de baja	Fecha	RECIBI LA BAJA (Sello del I. N. P.)
	Causa	

A 6

- -

VOLANTE DE BAJA DEFINITIVA

Núm. de inscripción en la Seg. Social

Preséntese unido al cuerpo superior cuando la baja sea definitiva, utilizando el resguardo de la inscripción efectuada con estos impresos o, en su defecto, extendiendo un ejemplar.
Para las bajas temporales y reanudación de actividades, basta con formular parte de baja o de alta de los trabajadores.

Nombre o razón social	Firma del titular o del representante legal	ENTRADA (Sello del I. N. P.)
Fecha de la baja		
Causa		
Mutualidad Laboral		

A 6

77

NP: Yo soy partidario de decirle lo que estimo que debe de saber el enfermo y antes desde luego saberlo por el médico y no a través de familiares, que puedan infundirle un pánico no justificado por su dolencia. Sin embargo, hay casos en que creo que debe ocultarse al enfermo la realidad de su dolencia.

LOC: ¿Tiene usted que atender frecuentemente, demasiado frecuentemente, llamadas fuera de sus horas de consulta?

NP: En mi especialidad es rara la llamada después de las horas de consulta. Pero, sí, se tienen dado casos. Hoy funcionan ya Clínicas de Urgencia en odontología y entonces esta gente sabe que el odontólogo normalmente cuando termina su consulta, no está en casa, no quiere que le molesten. Y además una enfermedad como es una dolencia, un dolor de muelas, salvo raras excepciones, entonces se cura con una aspirina hasta el día siguiente que pueda ir al médico.

LOC: Y dígame estos servicios de urgencia, ¿los hay en todas partes?

NP: Los servicios de urgencia debemos de distinguir: por una parte los de la Seguridad Social. Por ejemplo desde hace un año o poco más, en Madrid y capitales importantes, como Barcelona, Valencia, Bilbao, funciona ya un servicio de urgencia. Ahora está establecido ya en todas las ciudades superiores a 10.000 habitantes un servicio de urgencia de la Seguridad Social. Por otra parte están los servicios de urgencia del seguro libre el cual cubre una gran cantidad de asegurados dentro del territorio nacional. Luego hay clínicas privadas, distribuídas por los barrios, o sea que es muy difícil ya no encontrar un servicio de urgencia.

LOC: ¿Tienen ustedes los médicos reuniones periódicas, tomas de contacto con colegas?

NP: Viviendo en ciudad desde luego si se tienen. Concretamente nosotros tenemos una reunión todos los jueves en nuestro colegio, donde funciona la escuela de posgraduados. Hay conferencias de magníficos profesionales, nacionales y extranjeros, y estamos en contacto. Tengo que decir también que de 700 aproximadamente profesionales que estamos en Madrid, un sólo veinte por ciento acudimos a escucharles. Es lamentable, porque además son de gran utilidad.

LOC: ¿Cuando termina de estudiar un médico, Doctor?

NP: Bueno, para mí el médico nunca debe terminar de estudiar. Deberá dejar, eso sí, por falta de tiempo, de estudiar en esos enormes libros ortodoxos, pero el paciente debe de ser estudiado, cada historia, cada caso, diariamente.

LOC: Los doctores Barraquer, López Ibor, Salgado, Arruga, Severo Ochoa, son nombres verdaderamente ilustres en la medicina española. ¿Estos nombres son aislados o denotan un nivel superior de la medicina española?

NP: Sin lugar a dudas España está sufriendo una gran transformación. Empiezan a sonar estos nombres, o han sonado ya, mucho en el extranjero, mucho en España; son grandes figuras de la medicina. Yo creo que carecen un poquito de formar escuela. Hay algunos, de los que me cita usted que, efectivamente, están en el extranjero, premio Nobel, como Severo Ochoa, pues ésos sí tienen una escuela, tienen una gran información. Y en España hay otros, como el Doctor Barraquer, que tienen una gran escuela, el doctor López Ibor . . . sin embargo hay otras figuras no aquí citadas que son grandes figuras pero carecen precisamente de formar una escuela que es lo que realmente se tiende a la medicina: hacer una medicina de equipo, una gran medicina de equipo.

LOC: Pienso que es obligado preguntar ahora, a continuación, si la investigación científica está suficientemente protegida por el Estado y estimulada por él, o abandonada por el contrario.

NP: En esto, es un gran fallo, al menos hasta ahora lo ha sido, y creo que en la medicina la investigación no está nada favorecida en España. Si mal no recuerdo creo que del presupuesto nacional del Estado sólo un uno cincuenta por ciento se dedica a la investigación, a la investigación en general, porque a la investigación médica le corresponde una pequeña parte de eso. Y por otra parte no se paga como es debido al investigador y faltan totalmente gente que se dedique a la investigación en medicina. Sólo algunas escuelas, de equipo privado ya, que entonces están un poco mejor pagados, hacen una investigación médica, pero realmente estatal yo creo que carecemos totalmente de medicina, de una sufragación para una investigación en medicina.

LOC: Doctor Neira Pol, muchísimas gracias por habernos dedicado este tiempo precioso para usted y valiosísimo para nosotros puesto que hemos podido oir sus interesantes declaraciones.

JOSE F. DE NEIRA POL
Médico Dentista

Colegiado 1029
Consulta previa petición

MADRID - 13,
Corredera Baja, 8, 1.º - Tel. 231 68 50

VOCABULARIO

el estomatólogo   *mouth specialist*
ejercer   *to practise*
el médico de cabecera   *family doctor who attends patients at home*
acudir   *to attend*
el odontólogo   *odontologist, dentist*
abarrotado   *over-subscribed*
deficitario   *in need of attention*
la profilaxis   *preventive treatment*
la lactancia deficitaria   *inadequate lactation*
sufragar los gastos   *to meet the costs*
límites de ingresos   *income ceilings*
pasajero   *quick, fleeting*
el ambulatorio   *doctor's surgery, state hospital*
quirúrgico   *surgical*
por merecerles éstas acaso más confianza   *because perhaps they inspire more confidence*
una plétora grande   *an excessively large number*
implantarse   *establish himself*

tener en cuenta   *to bear in mind*
el eslabón   *link (of a chain)*
le cuenta sus cuitas   *he tells him his troubles*
está más al alcance de   *has more opportunity for*
el haber   *credit, favour, merit*
reconocimientos generales, cheques   *medical examinations, check-ups*
partidario   *believer, in favour of*
el dolor de muelas   *toothache*
tomas de contacto   *means of contact*
el fallo   *failing*
el presupuesto   *budget*
la sufragación   *financial aid*

REDACCIONES

1. La profesión de médico es la más beneficiosa para la humanidad.

2. Es el deber de los hospitales relajar la disciplina y rigor para el beneficio de los pacientes.

3. El enfermo tiene el derecho de saber la verdad de su dolencia y, si quiere, el derecho de terminar su vida.

PARA DISCUTIR

La fuga de cerebros es un peligro al desarrollo económico y social de cualquier país. Cada año perdemos un gran porcentaje de ingenieros, científicos y médicos que se marchan al extranjero, especialmente a Estados Unidos, a trabajar en establecimientos lujosos con todas las facilidades necesarias para sus investigaciones. ¿Cómo podemos cambiar la situación? ¿A quiénes debemos echar la culpa, al individuo o al gobierno por no proveer más fondos?

10
Luis Cuñado — jefe de relaciones públicas

En las grandes empresas modernas, el departamento de las Relaciones Públicas viene incorpórandose como un eslabón imprescindible de la distribución eficaz; un ejemplo de esta tendencia nos lo ofrece la casa Casbega, en la Avenida de América en Madrid. Ante nosotros Luis Cuñado Ballesteros, jefe de relaciones públicas en Casbega.

Uno de los modernísimos equipos de embotellado.

LOC: Señor Cuñado, ¿cuánto hace que trabaja usted en esta empresa?

LC: Bueno . . . si exactamente no recuerdo mal, me parece que dieciséis años.

LOC: ¿Empezó en Casbega como jefe de relaciones públicas o tuvo antes algún otro cargo?

LC: Cuando yo empecé en esta compañía, el cargo de Relaciones Públicas no existía y puede decirse que yo he pasado por una cantidad de puestos de mayor o menor nivel, hasta alcanzar éste de jefe de relaciones públicas.

LOC: Ahora dígame, Señor Cuñado, actualmente ¿qué responsabilidad y qué cometido es el de su departamento en esta empresa?

LC: Es el de relaciones públicas propiamente dichas. Y yo creo que de relaciones públicas se han hecho infinidades de definiciones más o menos sofisticadas; de todas las que conozco y de todas las que he leído, personalmente me gusta mucho una que hizo el Ministro de Información y Turismo porque lo definió entre otras cosas muy sencillamente: las relaciones públicas . . . es todo aquello que ayuda a crear una corriente de opinión. Yo añadiría que las relaciones públicas tambien son cuestión de matiz.

LOC: ¿Cómo está instalada la factoría en Casbega?

LC: La factoría de Casbega es muy moderna. El día 27 de setiembre de este año de 1969 cumplirá solamente cuatro años. Es una factoría moderna, podríamos añadir que muy moderna, completamente cómoda, completamente funcional; como nosotros estamos elaborando en concesión una gama de refrescos, tanto la maquinaria ultra-moderna como los diferentes servicios de la companía son el último grito. Prácticamente no se puede encontrar hoy día, en nuestro negocio, en nuestra fabricación una cosa mejor.

LOC: Y dígame, una empresa de estas características que usted acaba de señalar, ¿influye en el desarrollo económico de España de una manera efectiva?

LC: Desde luego. Para elaborar nosotros, independientemente de los puestos de trabajo que la fabricación en sí propiamente pueda crear, hay una cantidad de fábricas y de personas que tienen que suministrarnos muchas cosas: tienen que suministrarnos el cierro hermético de las botellas, el tapón corona, tenemos que comprar vidrio, envases para nuestros refrescos, tenemos que comprar cajas para meter los envases, tenemos que comprar maquinaria, tenemos que comprar camiones, tenemos que comprar una cantidad de cosas que ayudamos a que unas empresas nos suministren, y por lo tanto damos trabajo a una cantidad de personas independientemente de las de nuestro negocio.

LOC: ¿La publicidad en Casbega se orienta únicamente hacia una vertiente de estímulo al posible comprador? o ¿una empresa de estas características, de esta importancia presta atención a otras vertientes de publicidad indirecta?

LC: Es imprescindible que nosotros mantengamos la publicidad de estímulo al comprador, esto hoy actualmente es común a cualquier empresa, no solamente a cualquier empresa, sabemos que los Ayuntamientos hacen publicidad directamente para el consumidor del trocito de paisaje o del rayito de sol que se ve desde cualquier cima de su Municipio–pero nosotros estamos haciendo una cantidad muy importante de publicidad, de propaganda, de promoción y de relaciones públicas con cosas, con asuntos que guardan un interés real y un interés de estímulo, no solamente para el consumidor sino para simplemente el estudiante o cualquier tipo de público. Yo creo mejor es citar algunos ejemplos como el Concurso Nacional de Redacción que tenemos montado. Por ejemplo en el año actual los ganadores nacionales de este Concurso van a marchar al Perú en el mes de octubre durante ocho días, muchos premios más para otros ganadores, premios para los colegios . . . y claro, como se puede apreciar, no son para el consumidor directamente sino para el público. De esta propaganda indirecta que tenemos montada es el concurso para niños más pequeños, de Castillos en la Arena. Otro de los que recuerdo ahora es el Trofeo de Tenis de Manuel Alonso, posiblemente de este certámen que nosotros tenemos montado dedicado al tenis salga una figura internacional como pudiera ser el Santana. De todas maneras en un futuro próximo, nosotros iremos además de la publicidad directa, de esta publicidad que se encamina al consumidor, aumentando este otro tipo de publicidad directa que es mucho más educativa y mucho más efectiva.

LOC: ¿Piensan incluso ampliarlo a nivel internacional, alguno de estos concursos?

LC: Es muy posible que los concursos de redacción, pues, tuviesen así un cierto aspecto internacional por ejemplo con países de Sudamérica y con países de Europa, dentro de no sé un año, dos, tres, posiblemente se ampliará.

LOC: ¿En qué condiciones tanto económicas como sociales están los empleados de Casbega?

LC: Bueno, podríamos decir que las condiciones económicas son superiores a las de otras empresas similares. Socialmente nuestra empresa lleva muy poco tiempo — la misma factoría no ha cumplido cuatro años, la factoría antigua dieciséis — y nosotros ahora mismo, pues, estamos dando unos préstamos para viviendas; quizás también en un futuro no demasiado lejano se construyeran bloques de viviendas para los empleados. Hay un grupo de empresas con fines educativos, excursiones, biblioteca, servicios médicos de los cuales posiblemente hablaremos más despacio a través de esta entrevista.

LOC: Dígame, ¿qué relación existe entre los jefes y los empleados de Casbega?

LC: Desde luego nosotros acostumbramos a trabajar en equipo. Ha desaparecido aquella palabra «jefe» que era el «ogro», que era al que todos los empleados temían, y el cual no aportaba nada más que riña, nada más que llamar la atención. No, hoy, modernamente y respetando la jerarquía natural de los niveles, es un equipo el que trabaja. El jefe da las órdenes y el jefe, al mismo tiempo, escucha las iniciativas o las sugerencias que pueda hacerlo cualquiera de sus subordinados.

LOC: Comprendido. ¿Cómo están cubiertos los riesgos de accidente en Casbega?

LC: No voy a nombrar los seguros obligatorios porque desde luego éstos existen. En la factoría, a que nos estamos refiriendo, hay unos servicios médicos que están montados de la siguiente manera: disponen de quirófano, disponen de rayos X, de laboratorio, de farmacia. Si fuera necesario, se podría practicar cualquier operación. Por el personal, que está en cubierto de estos servicios médicos, hay un médico, titulado como médico de empresa, un auxiliar técnico sanitario y una enfermera que prácticamente cubren toda la jornada laboral.

LOC: ¿Hay muchos empleados en Casbega que tengan vehículo propio?

LC: Esto salta a la vista. Cuando empezamos con esta nueva factoría, los poquitos vehículos que existían podían aparcar en los lugares destinados a los visitantes. Hoy hay aparcamientos para cuatrocientos vehículos y son insuficientes hasta el punto de que el año que viene habrá que volver a ver la manera de que sean 600 o 650 vehículos los que tengan cobijo. Aproximadamente, esto representa el setenta y cinco por ciento, quizás cumplido, de los empleados de Casbega que disponen de coche propio.

LOC: Señor Cuñado, ha dicho usted a lo largo de estas interesantes contestaciones suyas, que en Casbega se atienden las iniciativas de cada empleado. Esto quizás supone un buen medio de ascensos: ¿es fácil ascender en Casbega?

LC: Porque una persona tenga una sugerencia, una idea meritoria, no quiere decir que al día siguiente vaya a ser director o subdirector; sin embargo no cabe duda de que si a lo largo de una vida de trabajo la dirección ve que una persona, además de su labor, la labor que tiene encomendada, es capaz de mejorar, es capaz de dictar una iniciativa . . . no cabe duda de que este señor estará en mejores condiciones para elevarse de puesto que otro que se limite simplemente al cumplimiento muy bien y muy efectivo de su trabajo.

LOC: Señor don Luis Cuñado, le agradezco extraordinariamente este tiempo que ha dedicado a nosotros.

Luis Cuñado Ballesteros

RELACIONES PUBLICAS

Coca-Cola

CASBEGA, S. A.
AVENIDA DE AMERICA, 115
TELEF. 205 0940   MADRID-22

VOCABULARIO

el eslabón   *link*
imprescindible   *essential*
cargo   *job*
cuestión de matiz   *matter of nuance*
elaborando en concesión una gama de refrescos   *producing under licence a range of soft drinks*
el último grito   *the latest thing, the last word*
suministrar   *to supply*
el cierro hermético   *air-tight sealing*
el tapón corona   *bottle top,"crown" top*
el envase   *container*
la vertiente   *trend*
una vertiente de estímulo   *bias towards attracting*
el trocito   *the little piece*
el Concurso Nacional de Redacción   *National Essay writing Competition*

montado   *set up, put on*
se facilita   *is open to*
el certámen   *competition*
se encamina   *is intended for*
préstamos para viviendas   *housing loans*
no aportaba nada más que riña   *did nothing but pick a quarrel*
el quirófano   *small operating theatre*
por   *because of*
el auxiliar técnico sanitario   *medical technician*
esto salta a la vista   *this is very evident*
el cobijo   *(here) place to park*
se atienden   *are considered*
que tiene encomendada   *that he is responsible for*
dictar una iniciativa   *to make a constructive suggestion*
en mejores condiciones   *in a better position*

REDACCIONES

1. La generosidad de las grandes empresas en los sectores deportivos y culturales.

2. La publicidad – explotar al público y vender a toda costa.

3. Describa los métodos que usted emplearía en una campaña de publicidad para lanzar un nuevo producto al mercado.

PARA DISCUTIR

El término «relaciones públicas» tiene muchos significados y muchas aplicaciones; en la política, el turismo y en cualquier forma de la vida comercial y social. Todos somos representantes de algo, sea nuestra firma, religión o país, y dondequiera que estemos el público va a juzgarnos por lo que hacemos y decimos. ¿Nos importa o no lo que piensan los otros?

11

Edmundo Juárez – director general de una empresa promotora de la construcción

Las empresas promotoras de la construcción desempeñan un papel muy importante en la vida urbanística de hoy, para la forma y los precios de la vivienda en la que se desarrolla nuestra vida cotidiana y en la que se refleja fielmente el desarrollo social y económico de nuestro país. Don Edmundo Juárez, propietario de Bolsa Territorial de Madrid, ha bien querido charlar con nosotros sobre los problemas de la vivienda moderna.

Aspecto de la nueva ciudad residencial para ancianos construida en Madrid.

loc: Señor Juárez, ¿qué es Bolsa Territorial de Madrid?

ej: Bolsa Territorial de Madrid es una empresa promotora de la construcción.

loc: Quisiera que nos dijese, que nos explicase ampliamente, cómo se construye hoy en España.

ej: En España hoy, es decir últimamente, se está construyendo pues muy bien; yo creo que todos los promotores estamos teniendo mucho cuidado en todos los materiales que empleamos, ya que, gracias a Dios, hay una competencia muy fuerte. Es decir, la construcción ha mejorado muchísimo, tanto en calidades como en estética.

loc: ¿Cómo ha sido y cuál ha sido el avance experimentado en la técnica de la construcción, en los últimos años y en lo que usted acaba de indicarnos, en la estética de la construcción también?

ej: Bueno, en la estética es que hay que observar unas reglas que son impuestas por los distintos organismos oficiales con los cuales tenemos que conectar los promotores, a través de nuestros arquitectos. La técnica es mucho más desarrollada, se emplea mucho la estructura metálica, incluso la estructura mixta. La claridad de las viviendas, la belleza exterior, las alineaciones . . . es decir que el conjunto en sí hace que la vivienda, ésta que se llama ahora de tipo social, sea más bien vivienda de lujo; es decir que este tipo de vivienda viene observando en los últimos diez años, creo yo, un avance muy fuerte y que, sobre todo, nos podemos equiparar como se está construyendo en el extranjero e incluso un poco mejor.

loc: ¿Qué características tienen las viviendas de tipo social?

ej: Bueno, la palabra «social», realmente no se debía de emplear, porque la vivienda de tipo social es aquella que se entiende la gente que no tiene una serie de garantías o confort que tiene la vivienda de tres millones de pesetas. Yo quiero deshacer un poco este error. En la vivienda social hoy se está empleando un material muy bueno, tanto en la construcción de la estructura, como en la cimentación, como en las zonas deportivas o polideportivas, que llevan pues sus zonas ajardinadas, piscinas de reglamento, terrazas, unas capas asfálticas muy bien preparadas y muy bien hechas. La vivienda social por lo tanto, en España, se puede decir que es vivienda de semilujo, porque tiene pues calefacción, ascensores de subida y bajada, cuarto de baño y cocina completos, terrazas, tendedores interiores.

LOC: ¿En una extensión de cuántos metros cuadrados aproximadamente?

EJ: La extensión de la vivienda viene a ser aproximadamente entre 65 y 90 metros cuadrados. El llamarla social, insisto una vez más en esto, es motivado a que vale menos, pero no es porque la calidad de la construcción o el proyecto sea peor, sino porque la repercusión que se obtiene en el metro cuadrado de la vivienda a consecuencia de la compra del solar, es mucho más baja al comprarlo en los extrarradios que al comprarlo en el corazón de Madrid, de ahí viene la palabra «social».

LOC: Comprendo. ¿Y esto también implica algunas facilidades extraordinarias respecto al pago?

EJ: Las facilidades extraordinarias son exactamente igual que la vivienda de dos millones; lo que ocurre es que las letras en lugar de ser de 20.000 Ptas. son de 3.000 ó de 4.000 al mes.

LOC: Entendido. ¿En relación con otros países, es muy cara la vivienda en España?

EJ: Pues creo que estamos muy por debajo de con otros países. Es decir, realmente estamos construyendo unas viviendas de semi-lujo a unos precios mucho más baratos que en otros países. Digo esto, porque tengo contactos con el exterior.

LOC: Al adquirir un piso ¿qué es lo que suele interesar al comprador más comúnmente, el cuarto de aseo o la distribución general del piso?

EJ: Pues lo que exige el ama de casa de hoy es que el piso sea práctico, sobre todo porque el servicio doméstico, que es el problema de todas las señoras, es un poco difícil de encontrar. Entonces con las casas más pequeñas, más reducidas y con los

Silo en Peñafiel, cerca de Valladolid.

Pisos modernos recién construidos en Alicante.

Folleto informative de una empresa promotora de la construcción.

Para Vd.

Hall.
Dos Tres dormitorios.
Salón comedor.
**Cuarto de baño alicatado hasta
techo.**
Cocina alicatada hasta techo.
Terrazas.

Calefacción por calor negro.
Suelos de terrazo de 30 x 30.
Cocina amueblada.
Portal decorado.
Calentador de agua.
Antena T. V y UHF.

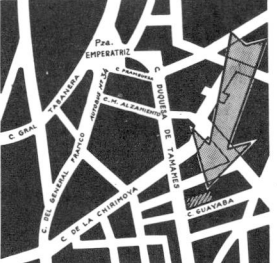

EMPLAZAMIENTO

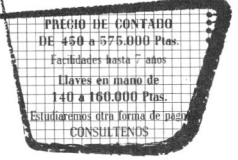

PRECIO DE CONTADO
DE 450 a 575.000 Ptas.
Facilidades hasta 7 años
Llaves en mano de
140 a 160.000 Ptas.
Estudiaremos otra forma de pago
CONSULTENOS

**INFORMACION EN OBRA
INCLUSO SABADOS Y FESTIVOS**

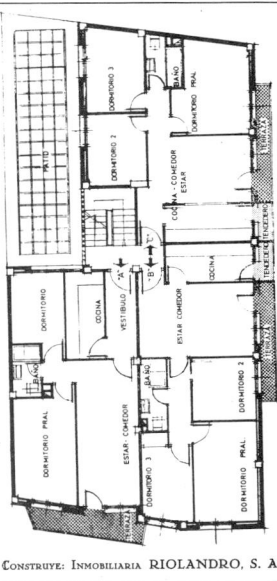

CONSTRUYE: INMOBILIARIA RIOLANDRO, S. A.

adelantos que tenemos en la realidad, de los aparatos electro-domésticos, el ama de casa cumple el servicio, puede llevar a los chicos al colegio, el tener la casa limpia y todo esto.

LOC: Comprendo. ¿Qué predomina, la compra o el alquiler de viviendas?

EJ: Bueno, los españoles tenemos todos la idea de la propiedad, de la posesión, queremos siempre tener «nuestra casa» y nunca nos gusta el alquiler; es decir que vamos siempre o tendemos siempre a la compra del piso, con las facilidades que últimamente venimos observando en la construcción de las viviendas, que oscilan desde cinco hasta catorce años para pagar un piso, quitando la entrada; el resto se paga en mensualidades que son mucho menos que cualquier alquiler. Un alquiler hoy vale 6.000, 7.000 pesetas al mes y una casa, pues, se dan 50.000, 60.000 o 100.000 pesetas de entrada y con tres o cuatro mil pesetas mensuales se tiene propiedad privada.

LOC: Exactamente. ¿Son más solicitadas las viviendas fuera del casco urbano o las céntricas, incluso aunque éstas estén tan escasas?

EJ: Bueno, están solicitadas exactamente igual. Lo que pasa es que compradores de pisos de cuatro millones hay pocos. Ocurre que ahora se está promocionando mucho la vivienda más barata, pero, repito, no más barata por las calidades, sino porque últimamente, en los últimos diez años, y con la competencia que hemos tenido, pues todo el mundo que tenía un alquiler o una habitación con derecho a cocina—que esto ya prácticamente no se conoce, gracias a Dios, en España—pues está tratando de comprar su piso. En Madrid, en la zona céntrica, pues, es dificilísimo el encontrar un solar y cuando éste se encuentra, con una repercusión por metro cuadrado que asusta; entonces Madrid está explotando hacia el exterior y con los servicios que se están poniendo, pues la vivienda fuera del casco pues yo creo que es mucho más sana que en el centro.

LOC: Precisamente ustedes promocionan en Bolsa Territorial este tipo de vivienda.

EJ: Efectivamente. Estamos promocionando en los Polos de Desarrollo de Madrid, tipos de vivienda social, que los precios oscilan desde las 350.000 o 450.000 pesetas.

LOC: Totalmente asequibles. ¿Buscan ustedes sitios bien comunicados? ¿Tienen esto en cuenta?

EJ: Efectivamente. Aunque no obstante, el Ayuntamiento que es lo más importante aquí, está haciendo una labor bastante buena, porque está poniendo metros, autobuses ... y luego la iniciativa privada española pues es terrible, ¡somos grandes descubridores todo el mundo!

LOC: ¿Improvisadores quizás?

EJ: Efectivamente. Y tenemos siempre conciertos con empresas de autobuses en los cuales regalamos parte del ticket o billete, etc., y entonces vamos promocionando, todos a una, estas comunicaciones.

LOC: Señor Juárez, ¿qué garantías amparan al comprador?

EJ: Al comprador. ... Últimamente ha habido un pequeño revuelo o a consecuencia de una empresa o dos, constructoras, que en fin, que se ha movido un poco excesivamente, creo yo, porque la garantía que ampara al comprador es casi total. Es decir, con la última ley que ha salido, el comprador tiene absolutamente todas y cada una de las garantías que pueden existir. Las garantías son absolutas y las entregas pues se están haciendo normalmente pues en la fecha del que se figura en el contrato de compra-venta privada.

LOC: Una vez vendido el piso, ¿tienen ustedes un plazo en que el comprador pueda determinar las posibles reclamaciones que tenga que hacer, amparándose siempre en ustedes todavía, o no?

EJ: Bueno, nosotros antes de entregar el piso, al cliente se le dan unas cartas, generalmente esto las empresas muy organizadas, en fin como nosotros, solemos dar unas cartas en que pone índice, ¿no? Este índice señala al cliente los defectos que pueda tener un piso: un rodapié no está bien colocado, o en el cuarto de baño algún azulejo roto, etc. Entonces cuando va a ver el piso y hay algunos defectos, el cliente nos los manda por escrito y se le arregla todo sin ninguna bonificación por parte de él.

LOC: Muchísimas gracias, Señor Juárez, por su visita.

EJ: ¡Gracias a usted!

VOCABULARIO

desempeñar un papel   *to play a part*
cotidiano   *everyday, daily*
los organismos   *bodies*
las alineaciones   *alignment*
el conjunto   *general effect*
equiparar   *to compare (favourably)*
deshacer   *to put right*
la cimentación   *foundation*
las zonas deportivas   *recreational areas*
las capas asfálticas   *paved areas*
la calefacción   *heating*
el tendedor   *clothes line, place for hanging clothes*
cuadrado   *square*
la repercusión que se obtiene   *the outlay one has*
el solar   *plot, lot, site*
los extrarradios   *outskirts, suburbs*
las letras   *(here) figures, price*
el cuarto de aseo   *bathroom*
la distribución   *lay-out*
el alquiler   *renting*
oscilar   *to vary*
la entrada   *deposit, down payment*
en mensualidades   *by monthly instalments*
solicitadas   *in demand*
casco urbano   *city centre*
con derecho a   *with use of*
explotar   *to develop*
los servicios   *service charges*

Polos de Desarrollo   *development schemes (one of the National Economic Development Plan's improvement programmes for industry and housing)*
asequible   *reasonable*
conciertos   *agreements, contracts*
regalar   *(here) to pay*
todos a una   *together*
amparar   *to cover*
el revuelo   *disturbance, trouble*
las reclamaciones   *complaints*
amparándose siempre en ustedes   *while still covered by your guarantee*
el índice   *list*
el rodapié   *skirting-board*
el azulejo   *glazed tile*
por escrito   *in writing*
la bonificación   *(here) cost*

REDACCIONES

1. Los alicientes que el campo ofrece al que quiere comprar su propia casa.

2. ¿Por qué cree usted que son más estrechos los lazos familiares en España que en otros países?

3. La necesidad de tener un buen sistema de transportes.

PARA DISCUTIR

Los arquitectos y los sociólogos luchan por un ideal que es difícil de conseguir. Aquéllos tienen que considerar la escasez de solares apropiados y siguen construyendo altos bloques de viviendas, y éstos, reconociendo la congestión urbana, tratan de considerar las necesidades de zonas ajardinadas y deportivas para los niños.